当代高校教育管理模式创新探索

刘　洋◎著

中国戏剧出版社
CHINA THEATRE PRESS

图书在版编目（CIP）数据

当代高校教育管理模式创新探索 / 刘洋著 . -- 北京：
中国戏剧出版社，2023.10
ISBN 978-7-104-05434-4

Ⅰ . ①当… Ⅱ . ①刘… Ⅲ . ①高等学校－教育管理－
研究 Ⅳ . ① G640

中国国家版本馆 CIP 数据核字（2023）第 210118 号

当代高校教育管理模式创新探索

责任编辑： 高　峰
项目统筹： 周忠建
责任印制： 冯志强

出版发行： 中国戏剧出版社
出 版 人： 樊国宾
社　　址： 北京市西城区天宁寺前街 2 号国家音乐产业基地 L 座
邮　　编： 100055
网　　址： www. theatrebook. cn
电　　话： 010-63385980（总编室）　010-63381560（发行部）
传　　真： 010-63381560

读者服务： 010-63381560
邮购地址： 北京市西城区天宁寺前街 2 号国家音乐产业基地 L 座

印　　刷： 天津和萱印刷有限公司
开　　本： 787mm × 1092mm　1 / 16
印　　张： 9.5
字　　数： 160 千字
版　　次： 2023 年 10 月　北京第 1 版第 1 次印刷
书　　号： ISBN 978-7-104-05434-4
定　　价： 72.00 元

前　　言

在这个飞速发展的时代，教育一直被认为是社会进步的关键所在。作为教育的重要组成部分，高校承载着培养未来人才的重要使命，其教育管理模式的创新探索更是不可或缺的课题。高等教育管理是一个关系到国家、社会和个人的重要领域，它作为保障和推动高等教育发展的重要组成部分，对于高校的教学质量、学生发展、师资队伍建设、行政运作等方面起着关键作用。然而，近年来高校教育管理面临着一系列新的挑战和变革。全球化和信息化的浪潮席卷而来，不仅改变了高校教育的面貌，也给教育管理者带来了巨大的压力。传统的教育管理模式存在着一定的局限和瓶颈，亟须创新和改进，创新教育管理模式显得尤为迫切和重要。

本书的研究背景正是基于对高校教育管理模式面临的挑战的深刻认识和对创新路径的探索。本书所研究的内容旨在对高校教育管理的概述、改革与发展、管理模式分类、互联网时代的影响及创新探索等方面进行系统的阐述和分析。

本书所研究的内容旨在服务于广大高等教育管理者、教师和研究人员。对于高等教育管理者来说，本书所研究的内容可以为其提供宝贵的理论和实践指导，帮助他们了解当代高校教育管理的新趋势和挑战，掌握最新的管理思维和方法，促进学校的发展和内涵提升。对于教师而言，本书所研究的课题可以帮助他们更好地理解和适应新的教育管理模式，提升教学质量和促进学生全面发展。同时，对于研究人员而言，本书所研究的课题既可以为他们提供丰富的研究成果和理论框架，也可以为他们在高等教育管理领域进行深入研究提供参考和启示。

在此衷心感谢所有参与本书出版的专家、学者和编辑团队，他们用辛勤的工作和专业的知识为本书的完成奠定了坚实的基础。同时，也要感谢广大读者对于教育管理领域的关注和支持。

在编写本书的过程中，鉴于研究领域的广度深和复杂性高，以及笔者的知识和经验有限，书中难免存在一些疏漏之处，恳请广大读者提出意见和建议，希望通过与广大读者的沟通和交流，进一步改进和完善本书的内容。

最后，希望通过本书的阐述和分析，使读者能够深入了解高校教育管理的概念、发展现状和面临的挑战，同时也能够对高校教育管理的改革和创新提出自己的建议。高等教育是国家发展的重要支撑，高校教育管理的优化和提升对于培养优秀人才和推动社会进步具有重要意义。让我们共同探索高校教育管理的未来，为高等教育事业的发展贡献自己的力量！

刘　洋

2023 年 3 月

目　录

第一章　高校教育管理的概述

第一节　高校教育管理的组织系统及队伍建设

一、教学管理的组织系统

教学管理的组织系统，也被称为教学管理的组织与方法体系。它是由教学管理群体为了共同实现目标，通过分配责任和权力、建立层级关系和增强团体意识而形成的一个能够自我调整和发展的社会系统，主要解决管理者的身份以及管理方式的问题。管理体制是指对组织机构的设立、隶属关系和责权规划等组织制度进行系统化的规划和设计。教学管理组织的有效发挥，取决于管理体制和组织结构的合理优化。管理系统是一个通过结构性关系来组织个体、团体和整体的系统，它涉及组织成员之间的行为和相互作用，不断在时代环境变化中自我调整、自我适应，同时也是一个组织成员角色关系的网络系统。教学管理组织建设的目的是确立一套科学完备的教学管理系统，建立全面的质量管控体系，构建可靠的运行机制，以满足对教学、教师和学生的服务需求。教学管理系统强调过程管理的纵向系列和强调目标管理的横向系列的结合，以实现全面的教学管理。纵向序列包括学校、二级学院、教学系以及教研室。横向系列是针对不同部门的目标管理，包括教务、科研、学生管理、人事、政工和后勤保障等。这两个系列需要齐心协力、互相协调，以实现共同的教学工作目标——培养人才。

要构建一个高效、灵活运转且具备创造性的教学管理组织系统，必须注重并加强教学管理队伍的建设，建立一个专职兼职结合、素质较高且相对稳定的教学管理干部队伍，同时也需确立机构的职责范围，让相关人员承担起岗位责任。

二、教学管理队伍的结构

高等学校教育教学管理队伍由分管教学副校长、教务处全体人员、学院（系）主管教学副院长（副主任）、教学秘书（教学办全体人员）和教务员组成。教学管理人员的结构主要包括学历结构、职称结构、年龄结构、学缘结构和性别结构等指标。科级以上管理人员岗位应具备硕士及硕士以上学历，博士学位占一定比例；处级岗位、教学副院长（副主任）和重要科级岗位应具备副教授以上职称，教授占较大比例；老、中、青各层次人员合理分布，教学管理队伍既要有教学管理经验丰富的中老年专家，又要有充满活力、信息技术强的青年骨干；学缘结构上非本校人员应该占多数比例，有利于运用不同的管理思想，承担重要岗位工作的教学管理人员应有基层教学管理的工作经历。

三、教学管理人员具备的素质能力

当代教育对高校教学管理提出了更高的要求，要求教育工作者在第一线管理教学时，必须适应时代的发展变化。他们需要具备多方面的综合能力和素质，主要体现在以下几方面。

（一）具备良好的道德素养

只有具备良好的道德素养，才能胜任教学管理工作。高校教学管理人员的道德水平直接影响到学校教育教学质量。教学管理人员应该以自己的思想、学识、行为、道德品质的力量直接影响学生，发挥管理育人的作用，成为学生的行为榜样和精神导师。

（二）具备强烈的责任心

教学管理工作具有持续性的要求，同时也需要应对新情况和新问题的挑战。工作烦琐，任务繁重。作为教学管理人员，必须具有高度的责任心，工作主动性强。例如，每个学期的期末的考试工作都需要仔细规划、有条不紊地筹备，包括考试组织安排、各种考试报表的填写和汇报、试卷和成绩单的整理和归档等，只有每个环节都认真负责，才能较好地完成工作。

（三）具备扎实的专业知识基本的业务素养

随着教学体制的不断变革，教学管理人员首先需要掌握系统化的管理学知识，在管理实践中遵守管理规律，采用科学的管理方法，合理地分配人力、物力和财力，从而提高教学管理效能。其次，在教学管理工作中，院级教学管理人员需要熟悉本院各专业的培养目标、课程体系以及教学过程中的相关情况。最后，随着科技的迅猛进步，办公自动化程度不断提高，教学管理人员应该学习和掌握相关的信息技术和工具，如学籍管理系统、教材管理系统、教务管理系统、教学评估系统和毕业证书管理系统的应用，以及灵活运用处理日常文件的软件等。通过这些措施，可以促进教学管理方法的创新，推动教学管理工作规范化、科学化和现代化。

（四）具备较强的工作能力

使教学管理活动顺利达成预期效果的基础和保障是较强的工作能力。因此，能力的培养和提高至关重要。一个出色的教学管理人员应当具备良好的组织和管理能力，以及强大的协调应变能力。此外，还应该具备使用现代化设备获取和处理信息的能力，较强的调查研究能力以及团队合作能力。这些基本能力是教学管理人员必须具备的，旨在准确评估教学发展趋势，协调不同教学单位间的关系，帮助教学信息得以良性流动。

四、管理队伍建设的意义

加强教学管理队伍建设是增强学校竞争力的有力举措。随着社会的发展与进步，高校之间的竞争变得越来越激烈。怎样才能吸引更多优秀的学生？如何提升学生的综合素养？怎样让学生在职场中获得更好的就业条件？成为备受各个大学关注的重要议题。无论是新生入学、过程培养还是毕业离校，都需要进行教学管理来保障学习活动的顺利进行。如果教学管理队伍实力雄厚，那么在教学过程中的教育理念将更为先进，制度更健全，教与学的环境更加严谨、公正，因此学生将在各个方面掌握更加全面的知识和技能。通过加强管理队伍建设，可以提高和保障教学质量。

要提升学校教学工作水平，必须加强教学管理队伍建设。2005 年，教育部印发的《关于进一步加强高等学校本科教学工作的若干意见》中提出了 16 项具体要求，其中之一是“强化教学管理……加强教学管理队伍建设”。这表明在评估教学管理水平时，建立一个强大的教学管理团队是一个至关重要的衡量标准。在实际工作中，教学管理队伍的重要作用在于提高教学管理水平。教学管理人员的工作与教学水平息息相关，包括办学指导思想、师资队伍建设、教学条件和利用、专业建设与教学改革、教学管理、学风与教学效果等方面内容。只有通过加强教学管理队伍建设并将高素质的教师队伍与高质量的教学组织管理相结合，才能实现教育教学目标，不断提高教学水平。

加强教学管理队伍建设是提高人才培养质量的重要途径。高等学校的根本任务是为社会培养出色的人才，而这一任务的成败关键在于学校教育质量的高低。为了提高人才培养水平，高校需要加强教学管理，深化教学改革，并积极推进教育创新。具体来说，高校需要推动人才培养模式、课程体系、教学内容和教学方法的改革，以促进知识传授、能力和素质培养的协调发展。学校教学改革的广度、深度和力度主要取决于教学管理人员的能力水平。作为教学改革和创新的主要策划者、实施者和监督者，教学管理人员承担着关键的推动作用。因此，提高人才培养质量必须加强教学管理队伍的建设。

第二节　高校教育管理的本质与内容

一、教育管理的本质

教育管理的本质是在多层次、多因素的高等学校系统中，以教学子系统作为研究的管理对象，组织和运用有限的人力、物力、财力对教学过程进行科学合理的安排，实现教育资源的最优配置，获得教学工作的最佳效益。

通过对教育管理现象的分析并不能得出教育管理的本质，要想对教育管理本质进行准确解读，这需要一个过程。在这个过程中我们应以马克思关于事物性质的论述为方法指导，即在分析管理本质时，把管理放在历史的发展进程中加以研究，分析它在历史进程中所表现出来的一般性，同时也不能忽略管理在特定历史条件下所体现出的特殊性，只有这样才能全面地把握管理的本质属性。另外，认识教育管理的本质，首先要做的是明确教育管理本质研究的前提。

（一）归属问题

教育管理是管理方面的问题还是教育方面的问题？在教育管理理论的讨论中存在着不同的观点。第一种观点认为教育管理属于教育领域，认为教育管理具有教育性，并且教育管理活动的内容强调“教人育人”，另外教育管理活动与教育管理的目标是相同的，都是教育活动的目标。第二种观点认为教育管理属于管理领域，认为教育管理是一种管理活动。第三种观点则认为教育管理既属于管理领域又属于教育领域，认为教育管理同时受着教育与管理的双重影响。笔者赞同第三种观点，原因是在教育管理中教育与管理是不可分割的组成部分。从实践上看，在学校教育产生之后需要产生与之相适应的规范化的教育管理活动，教育初始形态的教育管理活动已经不适应教育发展高级阶段教育活动的需要了，初始形态的管理是伴随教育活动所进行的一种活动，虽然遵循一定的要求与形式，但并不是独立、规范、有序的；从理论上看，教育管理理论的发展同时受教育理论与管理理论双重理论的影响，虽然教育管理理论与教育理论和管理理论的某些特性相联系，却也是与教育理论和管理理论有区别的，它有自己独立的理论形态。

（二）实然与应然的统一性

教育管理的本质回答了“教育管理的实际是什么”与“教育管理应该是什么”这两个问题。“教育管理的实际是什么”回答是实然的实质，遵循逻辑对客观事实做出客观描述。“教育管理应该是什么”回答是应然的实质，遵循逻辑对客观事实做出的主观判断，阐述的是人们理想状态下的教育观管理。在实然逻辑中人们力求沿着事物本源展开，按照事物的本来面目去认识事物；应然逻辑则带有很强的主观色彩，它通常带有人们的某种功利性的追求，进而不能对事物进行客观的认识。教育管理的本质隐藏在管理现象与事实之中，探索教育管理本质的过程是一个由应然实质向实然实质接近的过程。

二、教育管理的基本任务

教育管理的基本任务是以教育教学的基本规律为依据，运用现代科学管理手段，通过对培养、改革、建设和管理的系统规划，促进所有教学活动在动态演进下达成预期的教育教学目标。另外，必须协调管理和激发各方的热情，以确保整个培养过程的各个阶段的教学任务顺利完成。

三、教育管理的内容体系

教育管理的内容体系就是每位教学管理者应清楚地认识到“应该管什么？重点管什么？怎样才能管好？”教育管理是一个复杂的系统，不同的视角呈现出不同的体系框架。这些部分合在一起便形成了教育管理的内容结构。从教育管理业务科学体系或工作体系来看，可以总结为“四项管理”，即教学计划管理、教学运行管理、教学质量管理与评价和教学基本建设管理。从教育管理职能的角度来看，包括决策规划、组织指导、协调控制、激励评估以及研究创新。从教育管理的角度来看，包括静态管理与动态管理相结合的教学改革、教学建设和日常管理。

（一）教学计划管理

学校依据培养方案组织教学活动、安排教学任务、确保教学编制，以保证教学质量和人才培养规格。教学计划，是各个学校依据教育部的宏观指导自主组织专家制订的，既要符合教育规律又要随着社会、经济和科技的发展进行及时的调整和更新。一旦确定了教学计划，就必须认真地策划和贯彻。制订详尽的教学计划意味着学校必须投入大量的精力来进行必要的调查和研究。这些研究涉及国内外同类学科或相近学科的改革与发展趋势，同时也包含了新的教育观、教学内容、课程体系、教学环节和人才培养模式等领域的探讨。学校须组织各学科的学术、教学专家和经验丰富的骨干教师研究课程结构体系。一个整体优化的课程结构体系是组织实施教学计划的先决条件。

（二）教学运行管理

教学管理的基本点在于通过协调和规范管理，确保教学工作平稳运行，并保证教学质量。教学运行管理侧重于实施教学计划时所进行的教学过程和相关辅助工作的组织管理。教学过程是学生在教师的指导下所进行的认知活动，这是一种通过教学使学生能全面发展的过程。在高等教育中，教学过程的组织和管理最显著的特点是：一是大学生的学习独立性、自主性和探索性日益增强；二是在基础学科的基础上进行适度的专业教育；三是逐步将教学与科研结合在一起。针对这些特征，在教学中需要注意两点管理工作：首先，必须确保有详细的课程大纲；其次，必须设计适用于课堂教学、实践教学和科学研究训练的组织管理内容，以确保在执行过程中符合规范要求。

（三）教学行政管理

教学行政管理是指学校、二级学院和教学系部等教学管理部门基于教学规律和校规制度，合理组织、指挥和调度各项教学活动及相关的辅助工作，以确保学校教学工作有序稳定地进行。要实现这个目标，必须严格地做好教学的日常管理、学籍管理、教学工作管理、教学资源管理和教学档案管理等方面的工作，确保实现规范化管理。

（四）教学质量管理与评价

教学质量是个综合化的概念，衡量教学质量的指标应该是包括教学、学习及管理质量的综合指标。教学质量又是一个渐进的、累积的形成物，它是静态管理和动态管理相结合的，应注重动态管理和过程管理，教学质量管理的最终目的是保证和提高每一项教学活动、每一个教学环节及最终的教学质量。转变教育思想、提高教育质量是搞好教学质量管理的前提条件。高校要深入研究质量监控，研究完成全程质量管理的设计，建立适合校情的质量监控体系和运行机制，首先要厘清质量监控的概念、要素、体系和组织系统，要研究质量监控与质量保证的所有相关问题。高校应建立科学的、抓住核心的、可操作的质量管理模式，包括教学质量检查方式，教学工作评估，教学信息的设计、采集、测量、统计分析和管理等。

四、教育管理的重点

（一）注重提高教学管理人员的职业道德和业务能力

学校应充分认识到教学管理人员对学校发展所起的重要作用，注重培养教学管理人员的政治思想素养，树立高度的事业心、责任心及奉献精神。

首先，教学管理人员处于承上启下的关键位置，承担上传下达的工作职责，既要贯彻执行上级部门的文件精神与工作部署，又要组织、协调学校的教学管理工作，同时还要直接面对教学一线的教师，处于与学生沟通交流的前沿，这样的工作定位与工作职责要求教学管理人员要具有一定的职业道德与高度的责任感。教学管理工作涉及面广、内容多，事无巨细，看似事小，实质关系重大。比如，传达上级文件精神、组织安排学校教学工作计划、教师停调课安排、考试工作安排、学籍档案管理等工作内容循环重复，很容易产生懈怠感。其次，教学管理人员要具有团结协作精神。高校教学管理工作的特点之一是层次管理，既有一定的独立性，又要相互协作与配合。只有具有良好的团队协作精神，才能全方位地处理好分工负责的工作，为师生创造良好的工作环境，解决工作中遇到的问题。再次，教学管理人员要具备较强的业务素质和能力。教学管理人员的业务素质与能力是其独立从事教学管理工作，解决实际问题，顺利完成教学任务的根本条件。因此，学校应提高教学管理人员的业务素质，使其熟练掌握教育学、心理学等有关知识，掌握教学管理的基本理论知识，准确评估教学发展趋势，协调各部门、各因素间的相互关系，促进各类信息的有效流通，不断创新管理方法，提高管理素质和水平；结合工作实际，开展教育科学研究与实验，适应管理科学化、现代化的要求。

（二）正确处理教学管理与教学质量的关系

教学管理是学校对教学工作的全面管理，依据既定的目标和原则对整个教学工作进行规划、调节和控制，以确保教学工作的有序开展。教学质量与教学管理的每个环节息息相关。教学管理牵涉面广，从教学质量评价系统来看，其中包括设计培养方案、策划教学计划、安排教学任务、监测教学进程、信息收集、信息统计分析以及质量评价等内容。根据收到的反馈和评价结果，不断进行教学计划的更新和调整。每一项工作又涉及许多具体方面，如监测教学进程，可以评估教学效果的好坏、课程内容的创新程度、理论与实践的结合情况如何、课堂是否有吸引力，在学生作业、实验、实习和考试成绩评定等方面都进行综合考虑。教学管理的核心工作是全面提升教学质量，为了迎合人才培养和素质提升的需求，高校必须调整并优化教学管理体制，建立新型的教学管理制度。

（三）正确处理教学管理人员与教师教学任务的关系

教育的责任需要教学管理人员和教师共同分担，二者各司其职。教学管理人员致力于整合和利用教育资源，教师则主要负责向学生传授知识和引导思维。“管理育人”和“教书育人”是相互促进、相互支持的关系，而不是一方控制另一方或监督另一方。两者的协同作用可以达到更好的实践效果和培养效果。具体体现在以下几个方面。

第一，教学管理人员在教育教学中扮演着桥梁的角色，连接着教师的教学和学生的学习两个方面，使教与学之间的关系紧密相连。他们的职责是协调和化解教学过程中的问题和矛盾，并营造良好的教学环境，确保教学过程的顺利进行。

第二，教学管理人员可以汇总和评估与教师教学情况相关的各种信息，并提供真实的反馈，以评估教师的学术水平、教学水平和敬业精神，并促使他们达到教学任务的要求，从而培养出更多符合社会需求的高素质人才，助推社会高质量发展。

第三，教学管理人员应与教师通力合作，积极参与学校专业、课程、教材以及实验室等方面的建设工作。通过对教学工作的调查、研究和分析，制订相应的方案和计划，以推动教学工作的革新和发展。

第四，教学管理人员可以为教师提供必要的支持和帮助，并营造一个良好的教学环境，使教师能够专注于教学工作。

（四）注重教学管理与教学研究的关系

教学管理是一个持续不断的过程。尽管我国各校已经能够顺利完成日常教学管理工作，教学活动能够正常进行，但这只是教学管理工作的第一步，这意味着高校已经拥备了一个良好的教学基础和教学环境。而要想提高人才培养质量，提高教学管理水平，高校必须开展教育教学研究。实践证明，重视教育教学研究工作的学校，其教学工作的指导思想明确、目标选择恰当，能审时度势，从国情、校情出发确立新思想、新思路、新措施和新制度，使教学工作和管理工作处于高质量状态。因此，注重教育教学研究是提高教学管理水平、质量和效益的关键所在。

第三节　高校教育管理的原则及理论运用

一、高校教育管理的原则

高校教育管理的原则就是管理者通过组织协调教育队伍，充分发挥教育人力、财力、物力等方面的作用，利用教育内部各种有利条件，高效率地实现教育管理目标活动过程中所必须遵守的准则和基本要求。要建设更具创新性的高等教育，就必须有正确的理论与行为准则来指导。高校教育管理原则是诊断教育管理问题，指导教育管理行为的基本准则和原理。教育管理者的管理行为总是遵循着某种管理原则，从而使得管理活动能够获得良好的效果。

（一）高校教育管理原则的依据

正确的原则来源于对客观规律的正确认识，而这种客观规律则是确立管理原则的根本依据。有学者认为，教育作为一种社会活动，在它的活动过程中要遵循一定的规律。有两条规律是最基本的，一条是关于教育与社会发展关系的规律，称之为“教育的外部关系规律”，简称“教育外部关系规律”；一条是教育和人的发展关系的规律，称为“教育的内部关系基本规律”，简称“教育内部关系基本规律”。对于高等教育管理活动来说，确立其管理原则的主要依据应包括以下几方面。

1. 社会发展的客观规律

高等教育管理原则是高等教育管理规律的体现，能够为高等教育管理活动提供明确的指导方向。在高等教育管理中，我们应该遵循科学客观的社会发展规律。原则反应规律，它揭示了客观事物之间的内在联系。然而，随着时代的不同和群体的不同，人们对物质世界的理解也在不断转变，这种转变是客观存在且不可避免的。人们对高等教育管理原则的提法存在不同的看法，这是由于人们的认知受到限制而造成的必然结果。要遵循科学的原则，我们首先需要认识到社会是一个对立统一的整体系统，高等教育系统就是其中的一个子系统，它旨在通过提高学术科研水平、出成果、培养人才等手段，推动人的全面发展，促进国民经济和社会的进步。管理现代大学的一个重要议题就是如何平衡高等教育与社会之间的关系，因为现代大学已经走向了社会的核心。只有根据客观存在的事实考虑，从社会系统的观点以及客观存在的事实出发，考虑高等教育系统与其他外部系统的关系，以及高等教育系统内部各部分的理性认识，重视新时期社会时代内容的充实，才能提高高等教育管理的效率，从而使整体运作更加顺畅。高等教育必须与社会客观规律相适应，这是高等教育与社会的基本关系。

2. 高等教育内部发展的客观规律

高等教育的内部发展包含两种规律，一种是高等教育发展的自然规律，另一种是高等教育管理的科学规律。规律存在于客观物质世界中，不以人的意志为转移。高等教育发展的内部客观规律是指教育与其他各项工作之间的辩证关系。只有在反映这种本质关系的基础上，高等教育管理原则才能达到科学和效能的目的。确定规律的一个重点就是考虑高等教育组织的特殊结构，即存在二元控制结构。高等院校的管理呈现出一种独特的“二重性”，一方面是传统的管理科层结构，另一方面则是教师在其权力范围内对学校相关事务做出决策的结构。学术系统和行政系统这两种不同的系统的形成是由二重控制结构衍生出来的。鉴于其是高等教育系统的一个重要特征，高等院校必须遵循规律来制定管理原则。

3. 人的身心发展规律

高等教育系统本质上是一种人工构建的系统，是由人创造出来的。高等教育系统的凝聚核心是人的心理，这是一种关注人的感性需求和情感层面的“柔性”存在，并不是机械的制度建设。高等教育是社会储备先进生产力的珍贵源泉，不过，这个储备源泉具有明显的动态特征，因为其主体是由人构成的。人们的意识、动机、行为和期望必须相互配合，才能确保高等教育系统的稳定和健康发展。高等教育系统提供了一个优越的社群环境，为知识分子提供了一个生存的良好场所。

此外，它也是传播与创造科学知识、弘扬社会公德、建立社会秩序和培养人才的重要基地。高等教育管理系统是以人为中心的动态系统。高等教育管理原则应当反映人的身心发展规律。

（二）高校教育管理原则

根据上述高校教育管理原则的依据，概括出我国高校教育管理的基本原则。

1. 方向性原则

方向性原则是指我国的教育管理活动必须遵守国家的教育方针和政策，在教育管理活动中为建设一个富强、民主、文明、和谐、美丽的社会主义现代化强国的目标服务。

方向性原则的基本点：一是坚持四项基本原则是我国的立国之本，这些基本原则也是我们进行教育管理活动的基本政治准则；二是坚持教育服务于社会主义现代化建设的方针，培养符合中国特色社会主义发展需要的人才。

2. 科学性原则

科学性原则是指教育管理活动必须遵循客观的规律，并且要积极尝试新的管理理论和方法，以确保教育管理活动建立在科学的基础之上。教育管理活动是一种既包含教育因素，也涵盖管理因素的现象，同时它既受教育规律的制约也受管理规律的制约，是一项科学性很强的管理活动。

科学性原则的基本点：一是教育应与社会在政治经济方面的发展相适应；二是教育必须与受教育者的身心发展的特点相适应。

3. 规范性原则

规范性原则是指教育管理活动需要遵守国家教育法律和法规，以指导和调节管理行为，使教育管理活动符合规范化和制度化，从而有助于促进教育事业的健康发展。

规范性原则的基本点：一是教育管理的规范化，根据法规进行管理是实现这一目标的重要手段。因此，依据法规进行管理是保障教育管理活动规范化的重要条件。二是教育法规是国家在教育领域实施法律的具体体现，是现代国家教育执法和守法的基本依据。

4. 综合性原则

综合性原则是指教育管理活动必须科学地组织和调动教育系统内外各方面办学的积极性，从而更好地推动教育事业向前发展。教育本身是一个有组织、有层次的复杂结构。它们彼此间是紧密相连、相互影响与制约的。

综合性原则的基本点：要注意教育系统外部因素对教育事业发展的影响，使各种力量相互配合，从而达到更好地促进教育事业发展的目的。

5. 权变性原则

权变性原则强调在教育管理活动中要根据具体情况制定不同的方案和措施，灵活调整，以确保教育管理工作的针对性和适应性。

权变性原则的基本点：管理策略应该根据地区的具体情况来制定。由于我国地域辽阔，人口众多，而且经济和文化的发展存在不平衡情况，因此我们需要根据不同地区的实际情况来制定相应的教育要求和教学内容。

6. 有效性原则

在教育管理活动中，有效性原则要求我们必须合理地安排和利用人力、财力、物力和时间等资源，以实现高效率和高效益。

有效性原则的基本点：一是提高用人的效益，二是提高对财物的利用率，三是提高时间利用率。

衡量一个管理者是否称职，是否可以成为一位高效且明智的管理者，取决于他是否能够充分理解并巧妙运用管理原则。只有遵循正确的原则，才能让管理活动达到科学和卓越的效果。教育管理的原则是教育管理者的管理工作过程中的行为准则，引导着管理者的管理方向。在管理活动中给予教育管理者一个管理的尺度与标准，才能激励教育管理者培养出更多符合时代潮流和国家发展需求的人才。随着信息时代、知识经济以及教育理念的不断更新，教育管理重心逐渐下移和学校组织日益开放，当前学校管理原则决策封闭性、集权式、简单化的弊端日益凸显，已经无法适应学校管理的复杂性和创新性。以人为本，解决人的系统问题已成为 21 世纪学校管理原则的核心问题。人是最重要的资源，也是最宝贵的财富，以人为本的管理原则是未来教育管理的方向和趋势。

二、高校教育管理的理论运用

研究我国高校教育管理工作时，需要重点关注以下几个方面的理论观点和指导原则的运用。

第一，习近平总书记强调：“我们建设教育强国的目的，就是培养一代又一代德智体美劳全面发展的社会主义建设者和接班人。”在进行研究工作时，首先需要明确“培养什么人、怎样培养人、为谁培养人”的问题。鉴于我国社会主义大学的性质，我们需确保学生不仅能够掌握坚实的科学文化知识和保持良好的身体素质，还要培养他们具备高度的社会主义觉悟。这意味着大学生不仅要树立正确的道德观，还要具备良好的文化素养。因此，高校的教育方针应注重培养德、智、体、美、劳全面发展的人才，这体现了马克思主义理论体系的重要实践价值。各级各类学校应致力于培养具备有理想、有道德、有文化、有纪律的人才，促进人的全面发展，这也是建设中国特色社会主义的本质要求。这些理论是对马克思主义关于人的全面发展学说的传承、丰富和发展，同时也是党和国家教育方针的具体体现。培养全面发展的有理想、有道德、有文化、有纪律的人才是高等教育的根本任务和落脚点。

第二，运用马克思主义关于辩证唯物主义的理论，用对立统一的观点来指导高校学生管理工作，同时坚持整体观。马克思主义辩证唯物主义哲学是所有自然科学和社会科学的理论基础。马克思主义的认识论和方法论，渗透于所有社会科学和自然科学之中，同样在高校学生管理工作中的应用也是很普遍的。运用对立统一观点，坚持管理的整体观。学生管理系统是一个有机整体，是由许多支系统组成的，这些支系统拥有独特的功能，它们必须与学生管理系统整体的目标和功能相契合，所有支系统的要素的建立都是为了实现整体目标。坚持整体观意味着协调各个支系统之间的分工合作，确保各部门在共同的管理目标下为培养全面发展的人才而协同工作。

第三，运用高等教育管理理念和现代管理科学理论指导高校学生管理工作，使管理工作更趋于科学化。具体来说，一要以教育管理原则为基础，遵循教育的外部规律和内部规律，以促进教育事业的进步。同时，高校要坚持以市场需求为导向办学，准确把握时代脉搏，在理念、体制和结构上进行变革和调整。要研究和解决学生管理工作中的新情况和新问题，大力培养高素质的复合型人才。二要运用现代管理科学的理论与方法进行管理，包括建立严密的组织体系、科学的管理制度，进行合理的人员分工，明确职责范围和奖惩制度，使管理工作更协调高效。在学生管理方面，高校应运用现代管理科学的基本原理，包括系统整体性原理、要素有用性原理、动态相关性原理、人的能动性原理、规律效应性原理、时空变化性原理、信息传递性原理、控制反馈性原理等；在管理实践中，高校应将管理组织建立得更为系统化，管理决策制定得更为科学化，管理方法使用得更为规范化，管理手段运用得更为现代化。

第四节　高校大数据教育管理一般性分析

一、高校教育管理大数据的类型

大数据技术在高校教育管理中的应用已日益广泛，尤其是随着高校大数据平台的建设以及教育信息技术在校园的广泛应用，为高校教育管理从传统的科学管理向文化管理转型提供了重要的推动力。这也导致高校教育管理大数据呈现出愈加多样化、复杂化和动态化的态势。高校教育管理大数据从不同的角度划分具有不同的类型。

（一）按性质划分

按性质划分，可以将高校教育管理大数据分为三类：结构化数据、半结构化数据和非结构化数据。其中，结构化数据指可以用二维表的结构呈现，属于关系型数据。非结构化数据包括所有格式的办公文档、文本、图片、智能硬件结合数据、XML（可扩展标记语言）、HTML（超文本标记语言）等基于通用标记语言下子集、卫星导航数据、图像、音频、视频等教学资源，由于其复杂多样，无法被简单地以二维表形式存储和管理。半结构化数据非常特殊，它既不属于结构化数据，也不属于非结构化数据，半结构化数据介于二者之间，如 HTML 文档就是一个典型的例子。通常情况下，半结构化数据是自描述的，数据结构和内容融合在一起，这种数据通常用树形或图形结构来表示。

（二）按来源划分

按来源划分，可以将高校教育管理大数据分为两类。第一类数据源于教育系统内部，与教育教学息息相关。高校内部的教学、科研、人事、学工、党团、后勤、图书等各个部门产生了这些数据，它们是教育管理大数据的主要来源。高校教育大数据可根据来源部门的不同分为四种：教学数据、管理数据、科研数据和服务数据。第二类数据指的是来自外部数据源的数据，尤其是指来源于互联网和社交媒体产生的数据。随着微信、微博等社交媒体和移动通信系统、局域网等的不断发展，大学生的网络使用频率在逐渐增加，由此产生的数据也在迅猛增长。

（三）按主体划分

按主体划分，可以将高校教育管理大数据分为四类，分别为学生教育管理类大数据、教师教育管理类大数据、综合教育管理类大数据和第三方应用类大数据。这四种数据类型各具特点。学生教育管理类大数据主要包括学生在学习、生活和社交方面的数据，如学生的基本信息、学生成绩、考勤记录、作业情况、获奖记录、参与活动的表现等，同时也包括学生在网络等平台上的行为轨迹和表现等信息。教师教育管理类大数据的范畴不仅包括教师个人基本信息，还包括备课教案、课堂教学、作业批改、解答疑惑、科研数据、获奖情况、进修培训记录、参加的各类活动大数据、社交活动、网络活动数据等。学校的综合教育管理类数据，包含学校基本信息、学校各类评比数据、学校各项奖励情况。第三方应用类大数据，包括金融缴费、教学资源、日常生活服务、云课堂、微课和 MOOC（慕课）资源等。

（四）按数据结构划分

按数据结构划分，可以将高校教育管理大数据分为四层：基础层（教育基础数据）、状态层（教育设备、环境和业务运营数据）、资源层（各种教学资源）和行为层（教育用户的行为数据）。一般来说，基础层和资源层的数据被认为是结果性数据，状态层和行为层数据则被视为过程性数据。高校管理者可以利用基础层大数据中包含的人事系统、学籍系统、资产系统数据等结构性数据，实现高校决策的科学化，以促进高校的发展。智慧校园利用传感器采集状态层数据，这些数据可以帮助高校管理者了解教学业务的运行状况，并优化教育环境。资源层数据主要是非结构化数据，其范围包括各种网络学习资源，如MOOC、微课、App、电子书等。此外，该数据层还包括上课期间生成的笔记、试题等动态生成性资源。在行为层数据中，包括教师行为和学生行为数据，教师行为数据占据了主要部分。这些数据主要服务于个性化学习、学习路径推送、行为预测和发展性评价。

二、高校大数据教育管理的特点

传统高校教育管理中人文关怀不足、形式单一、缺乏有效反馈等，这些问题与当代教育管理现代化的标准并不匹配。高校可以通过开展大数据教育管理来解决以上问题，利用大数据管理的特点和优势，如及时性、互动性、差异性、科学性等，来展现数据管理的基本功能。

（一）高校大数据教育管理的科学性

传统高校教育管理通常采用四种不同的决策模式。第一种是“官僚主义”模式，它基于决策者的理性思维模式来做出决策。第二种是“学院式”模式，以“共识”为基础，协调高校内各方利益。第三种是“政治型”模式，利用“扩散”机制来代表各种利益群体的看法。第四种则是“有组织的无政府型”模式，其决策程序缺乏规律，比较随意。这四种模式都有一个不足之处，即决策者的决策过程受到受限理性的影响，存在科学性不足的情况。大数据技术旨在利用计算机技术和算法分析数据，发现其中的规律。高校利用大数据技术，可以解决小数据分析带来的弊端，并能多视角、全方位地对师生所产生的复杂混乱的数据进行分析，以揭示隐藏的行为规律，从而提升高校教育管理的科学化水平，使教育决策更加精准。

高校教师的科研、教学、评奖、参赛等方面的数据与他们的生活、作息、社交、娱乐等方面的数据息息相关，同时也与学校的管理机制、制度和资金投入等紧密相关。这些数据之间相互关联且呈现出明显的规律性。比如，我们可以通过分析科研成绩优秀的教师的作息时间和科研成果之间的关联，以及教师的兴趣爱好与科研成果之间的联系，甚至还可以了解教学效果和科研之间的相互作用等方面进行数据关联分析。通过建立数据模型来揭示这些关联规律，为科研决策提供依据，并更好地制定学校的科研政策、教学管理制度和评价制度。在高校教育管理中应用大数据具有至关重要的作用。例如，可以了解学生的学习状态和需求、掌握社会舆论动态并做出科学决策。通过运用数据分析方法，可以探究学生的学习表现、综合素质、网络行为、图书利用和饮食习惯等因素之间的相互作用和相互关系，从而提升教育管理的科学化水平，使得教育管理工作事半功倍。

（二）高校大数据教育管理的及时性

高校大数据教育管理具有及时性和预警性，这为教育管理者抓住关键时期开展工作提供了技术保障。在网络深度覆盖的校园里，师生活动处处有数据、有信息，会产生海量的数据，这其中难免会有一些异常信息。对异常的信息，通过大数据技术设定容忍度和临界点，使之达到界限后启动报警系统，能够起到防患于未然的作用。当学生出现交际问题、学业问题、就业问题、感情问题及经济问题时，高校利用大数据技术，可以做到因势利导、超前谋划，以及时预防和处理突发事件，避免或减少相关损害产生。

（三）高校大数据教育管理的差异性

高校大数据教育管理的及时性、科学性是从宏观来讲的，而高校大数据教育管理的个性化则是从微观来讲的。因材施教、个性化管理和多样化人才培养模式一直是教育的目标，高校教育管理对象具有差异性，尊重大学生的个性特点、兴趣爱好、能力差异、家庭背景差异等，是高校教育管理者做好教育教学管理和服务工作的前提。尊重是爱、尊重是方法、尊重是境界。局限于技术及精力，在小数据时代，高校教育管理者要做到见微知著是比较困难的，但是在大数据时代，这一切都显得更加容易。大数据教育教学资源，可以为学生量身定做适合其个性特点的培养方案和课程清单，让学生突破时空限制享受高质量的教育教学资源。

（四）高校大数据教育管理的互动性

基于大数据的高校教育管理克服了传统教育管理中的单向度，实现了师生的互动，从而产生了互动效应。互动效应在心理学上指两个或两个以上的个体通过相互作用而彼此影响，从而联合起来产生增力的现象，亦可称之为“耦合效应”，也可称之为“互动效应”或“联动效应”。一般来讲，赋予积极的感情行动，将会收获积极的感情反应。高校单向传授和灌输式的传统教育教学方式缺乏感情的联动，导致教育教学缺乏实效性。在大数据教学平台上，高校教师与学生可以即时互动，答疑解惑，传道授业，教师可以实时监控学生做题的速度、学习的进度、并对他们进行指导。在这样的学习互动氛围中，信任、支持、谨慎、勤奋及求精等情感信息得以释放，从而在整个群体中产生积极互动效应。

第二章　高等教育管理改革与发展

第一节　我国高等教育管理改革的理论创新

一、我国高等教育管理体制创新需要理念先行

高等教育管理体制改革既是我国政治体制改革的延续，也是我国高等教育不断发展的结果。《中华人民共和国高等教育法》第一章第七条明确规定:“国家按照社会主义现代化建设和发展社会主义市场经济的需要，根据不同类型、不同层次高等学校的实际，推进高等教育体制改革和高等教育教学改革，优化高等教育结构和资源配置，提高高等教育的质量和效益。”据此，高等教育管理体制改革总的趋势是：由政府集权管理向宏观调控和扩大高校办学自主权的方向转变，由行政控制和垂直管理方式为主转向引入市场机制和间接指导为主。比如，由条块分割向条块结合管理体制的转变、教育评估机制的建立等，都是高等教育管理体制改革的有益实践和必经环节。

然而，高等教育管理体制改革并不是一蹴而就的，既需要制度创新的引领，更需要实践推动，是一个权利、利益调整和需要付出改革成本的艰难过程。管理改革实践已对管理理念提出了创新的要求，理念创新已成为管理体制改革的先导。

（一）准确认识高等教育事业和高等学校的性质

我们可以粗略地将社会划分为政治、经济和文化三大领域。高等教育属于文化领域，高等教育的发展必然不同于政治和经济事业，有其自身发展的逻辑和运行规律，所以不能用管理政治和经济的体制和办法管理高等教育。高校作为实施高等教育的机构，摆脱不掉社会政治和经济的影响，但不应该成为政治和经济的

附庸，而应该有自身学术和文化的独特性，具有相对的独立性。随着社会主义市场经济逐步完善，高校的投资主体开始多元化，多渠道筹措资金成为高校获得资源的必然选择，利益主体的多元化必然要求权利的合理分配，计划经济体制下形成的管理方式面临挑战。为适应新的管理体制和高等教育发展的要求，我们首先要准确认识高等教育事业和高等学校的性质，新的管理体制改革必须有利于高等教育事业和高校的健康发展。

（二）用现代管理科学创新传统的管理观念

传统的高等教育管理体系中，政府与高校之间实际上是一种单向的责任关系，政府是管理者，高校是被管理者，高校只有责任和义务，缺乏自身的利益诉求和表达机制，自然，高校也缺乏改革的积极性和自主办学的热情。

为适应高等教育规模日益扩大和高校巨型化的趋势，政府干预和高校内部的行政权力运行都是必需的，有利于提高资源使用效率。但政府干预和行政权力必须有一定的限度。现代管理科学认为，大学是一个学术组织，文化是其本性，具有自组织性、底部沉重和内部松散等组织特征，保持独立性和自主发展有利于增强其组织活力。以现代管理科学和组织理论为指导，有利于克服传统管理观念的制约，有效改变政府的管理行为和高校的办学实践，以先进的办学理念保障高校的办学自主权，增强办学活力。

二、宏观层面的管理理念由国家主义转向学校本位

（一）尊重大学的学术独立性

在我国高等教育大众化的发展过程中，国家主义和社会本位成为高等教育管理的价值选择，效率最优化成为高等教育管理的追求。社会本位的高等教育管理存在难以克服的局限性，国家和政府意志的干预加速了大学的行政化和世俗化进程。所以，管理理念必须适应高等教育规律和高等教育事业发展的要求，由国家主义转向学校本位，并合理界定大学与政府的管理边界。政府教育部门应尊重大学的学术独立性，管理方式要适应大学的特性，以学校自身的文化传统和

利益为价值追求，强化基层学术组织建设，以宏观指导和统筹协调为主要的管理方式。

（二）重新厘定政府与大学的关系

我国高等教育的快速发展对管理体制提出了新的挑战。计划经济体制下形成的以中央集权、“条块分割”、政府办学等为主要特征的高等教育管理体制，已不能适应高等教育发展的新形势。虽然自20世纪末期以来，我国不断深化高等教育管理体制改革，大学制度建设取得实质性突破，高校办学自主权不断扩大。但是，由于传统观念和“管理路径”的制约，政府对高校的干预不断强化，高校自我管理、自主发展意识淡薄。究其根源是政治论哲学的高等教育价值观所致，效率最优成为大学管理追求的目标，科层管理体制成为高等教育制度的自主选择，高等教育管理成为政府行政权力的延伸。

随着高等教育在社会发展中的作用不断增强，国家对大学的干预和控制也在不断增强。政府通过意识形态的渗透、财政的制约等方式加强对大学的控制，使大学成为体制内的一部分。此外，在发展中国家，随着民族国家的发展和集权政治的巩固，政治对大学的干预呈现加强趋势。社会本位的管理导致大学对社会的依赖增强，学术权力边缘化，大学成了社会的“风向标”，大学发展背负着日益沉重的负担。

面对知识经济时代的要求，大学只有不断创新，才能富有成效地完成使命。然而，许多大学的领导者尤其是那些公立大学的领导者认为当今大学所面临的一个巨大挑战，既不在于财政上的限制，也不在于学生的能力和研究机构的效能，更不在于当前机制的转变。他们认为最大的挑战在于对大学内部及大学与外部社会的管理措施和管理方式的改革。大学与政府之间是既相互依赖又相互对抗的关系，政府应通过制度建设界定两者的关系，主动规范自己的管理权限和管理方式，为大学自主发展提供空间和支持。

第二节　我国高等教育管理改革的观念创新

一、教育管理组织观的转变

现代教育管理理论诞生于大机器生产的工业社会。大众教育是工业社会制造的一部精巧独到的机器，用以培养它所需要的成年人。教育制度的等级是仿照工业体系官僚式的模式发展起来的。把知识组织成永久性的学科是以工业方面的设想为根据的，学校内部的生活完整地介绍了工业社会的全貌，成了反映工业社会的镜子。

在后现代背景中，科学的权威地位动摇了，网络技术、电子通信技术使信息流通极为快捷，从而极大地改变了人们原有的时空观念，使人们置身于一个瞬息万变、错综复杂的环境中。它要求组织成为一个开放系统，能及时适应环境的变化与要求。在这种情况下，现代组织的科层体制和机械管理已难以适应，相反地，具有灵活性、适应性和创造性的组织则更符合环境的要求。

（一）教育组织结构由平面走向立体

20 世纪 70 年代，有学者提出学校是“松散结合系统”的观点。“松散结合系统”的意思是“结合在一起的成分是有责任的，但各种成分保持着其本性及可分离性的迹象”[①]“学校系统或学校组织结构很松散，学区内的学校有相当的自治权和自由度，教师在课堂上也只受校长的一般性控制和领导”[②]。这是一种有别于科层管理组织的形态。

这种组织结构的最大特点在于结合了科层管理与专业管理的优势。从横向上看，一改以往单纯重视科层组织结构的局面，转而调动了包括学校教师在内的所有职工的积极性，拓宽了教育管理者的范围，实现了组织结构由扁平化科层组织到立体化松散结合系统的转化。

事实上，每一所学校都是处在某一种发展状态之中的，只有兼顾平衡的状态

① 黄雨三主编:《现代教育国际创新模式与培育管理制度全集》（下卷），宁夏大地音像出版社 2004 年版，第 1216 页。

② 张爽:《学校变革中的校长领导力》，教育科学出版社 2010 年版，第 118 页。

才会获得理想的管理效果。特别在高校中，其独有的特点决定了一方面我们需要保留科层体制的学校组织结构，但另一方面必须相应地增加教师参与管理的自主权，并通过系统的法规条例加以保证。由此形成两条管理线索：一是自校长、各职能部门的行政管理人员到普通的职工，由上至下实行层层控制；二是由教师及其他专业人员组成自己的层级结构，如专业委员会或教师联合会等组织，进行自我管理。这两条线索是并行不悖、协同运作的，共同实现对学校的管理。由此，整个高校管理文化呈现出较强的人文特点和生命力，平衡了诸方面的关系。

（二）教育组织文化由单一走向丰富

后现代的组织不能是道德虚无的，必须有一种精神力量。后现代管理理论始终把建立和塑造新的组织价值观系统作为一个侧重点。组织文化根据其影响力可以分为强势文化和弱势文化，按照内容可以分为高道德标准文化和低道德标准文化。高道德标准的文化要求管理者能更多地承担风险，具有较高的控制力，对冲突更能宽容。这对学校管理者来说具有更强的激励作用，更富有挑战性。同样，强势文化会以其内在的力量影响学校管理者产生心理驱动，自觉形成强势文化思维，直至规范其行为。例如，追求“人师”的教育理念会积淀管理者以身示范的道德观，民主的氛围会提升管理者注重参与管理的意识。

以往在组织文化方面学校更侧重于物质文化。物质文化是学校文化的表层，是学校文化的物质基础，是学校文化的有机载体，它包括学校建筑文化、设施设备文化、环境文化等。但是物质文化仅仅是组织文化的一小部分。教育组织文化要实现由单一到丰富的过程，必须注意以下几个方面。

第一，精神文化。精神文化是教育组织文化的观念层，是教育组织文化的核心和灵魂，是教育组织发展的动力所在。精神文化的核心在于打造共同愿景。所谓共同愿景就是一个共同追求的目标，卓越学校拥有强势文化及清晰的目标，而辅以自主权的强势文化则可提高成员对学校的承担感，令成员更忠于学校。

第二，制度文化。制度文化是教育组织文化的规范层，包括教育组织结构及其相应规范、纪律、制度和约定俗成的符号系统。它规定了师生的工作、学习、生活等各方面的具体要求。它把学校的精神文化、行为文化和物质文化有机结合成一个整体，是学校文化的制度保证。它包括学校对人、财、物、时间、空间、信息等的管理制度，如教师管理制度、学生管理制度、会议管理制度、作息管理制度、校园管理制度、专用教室管理制度、财务管理制度、档案管理制度、网络管理制度等。当这些制度内化为师生的行为习惯时，不但能保证学校正常的工作、学习、生活秩序，而且对师生道德品质的养成、遵纪守法意识等的形成具有重大意义。

二、教育管理过程观的转变

（一）由重视事实走向事实与价值并重

后现代主义教育管理思想重视教育管理过程的价值性，不重视事实性。后现代主义教育管理观的两位重量级人物格林菲尔德和霍金森都不同程度地强调了价值之于教育管理的作用和意义。格林菲尔德率先在教育管理理论运动中掀起了一场“格林菲尔德革命”。格林菲尔德试图建立一种有别于自然系统论的组织观，他认为组织是人的创造物，是人们创造的社会性存在物，而不是自然实体；亦没有统一的标准化的组织理论，因此也就不能用数学的方法和定量的方法来研究和分析教育管理问题。霍金森认为科学处理的是与价值陈述截然不同的事实性陈述。既然管理实践无法避免地根植于价值，那么就不存在一种适当的和完整的管理科学。“管理是行动的哲学”，这种哲学是动态的，不是唯一的、不是永恒的，更多的是偶然的、对话的，是一种解释过程。霍金森还认为所有的人类组织，不论它们是简单的还是复杂的，其存在都是为了实现一定的目标。这些目标根源于人类的愿望或价值。和其他的组织一样，教育组织实现“审美的、经济的和理想的”目标，其最基本的价值则是“圆满发展”。所以，教育管理主要是价值的而非事实的，价值领域是第一位的问题，而事实和逻辑则是次要的。

（二）由封闭走向开放

混沌理论的复杂性科学认为，像组织这样的复杂系统，其中的联系是非线性的，将来的状况不能被提前预知，其秩序的形式是一种自组织行为。所谓自组织，就是说有机体用一种非秩序的方式来寻求秩序，经过一个接一个的不稳定状态，最终出现某种起作用的事物。

教育组织面临的环境的多样化和复杂化使得管理过程越来越非程序化和非确定性。后现代主义教育管理观重视教育决策系统的不确定性等。后现代主义者认为管理过程应该涉及学校教育过程的方方面面，并不是一个单独的过程，而是处于错综复杂的网络之中的。其中涉及的人是具有特定知识、生活背景与个性特征的人，管理过程绝不是稳定的和线性的，而是充满了突变，充满了意义的生成过程。在这种背景下，高等学校教育管理过程必然要从封闭走向开放，重新认识管理过程中的非线性、不确定性的因素。

三、教育管理模式观的转变

教育管理模式的转变主要是指校本管理和群体决策。

（一）重视校本管理

长期以来，我们的教育行政管理遵循“研究—开发—推广”式的思路，即以某种理论为先导，然后在学校中贯彻和实施。后现代主义者认为，这种以宏大叙事为前提的做法由于不顾具体情境的特点，在实践中是行不通的。随着认识的深入，人们逐渐接受了这样一个事实：任何一个学校的情境都是独特的，是其他学校所不能代替的，没有适合于所有学校的理论。学校应具有更大的权力去处理自己的事情，如课程设置、人事管理、资源配置等。相对于过去以“外控”为主的管理方式而言，校本管理是一种“内控”的自主型管理。学校不再只是行政管理政策的被动执行者，而成为整个复杂适应系统中自主变化的一部分，这就使学校成为不断产生新秩序的自组织主体。

（二）重视群体决策

群体决策改变了科层体制中机械的人际关系。它认为，当执行者有主人翁责任感和在执行过程中负有责任时，变革最有可能有效和持久。群体决策是在学校内部进行的赋权过程，也是自主型管理深层次的体现。它使所有的学校成员及家长等社区人士在学校管理和发展问题上拥有自主权和决策权，从而使学校能更灵活地适应社区与本校师生的要求，适应特殊的学校情境。

在群体决策中，由于决策成员在知识、经验、价值观等方面的复杂冲突，要处理好协同决策和协调决策两类问题。前者指群体成员之间目标一致，没有什么重大利益冲突，只是因为知识、经验的原因而持不同意见。这时需要通过相互交流来集中分散的意见，形成相对的最优决策。后者指群体成员的目标并不一致，相互之间存在利益冲突，但又希望得到一个为各方面所接受的决策。这就需要运用合作对策理论求出妥协点，从而形成统一的决策意见。

第三节　我国高等教育管理改革发展

高等教育管理改革是大势所趋。按照高等教育发展的一般规律，它的改革是与国家的政治、经济、文化有着必然的联系的。从高等教育管理状况来看，中国的高等教育与整个社会的发展基本上是相适应的，同时目前的政治、经济、文化的发展对中国高等教育又提出了新的任务和要求，特别是经济的发展、科学技术的创新、文化的创新等对各级各类高级专门人才的需求，在高等教育发展的开放度上、在管理的思想和体制上、在管理的模式与方法上等都要进行一些变革。只有在思想上、观念上认清了高等教育改革和发展的方向，对高等教育发展的趋势把握得准确，我们才能够运用先进的管理方法和技术来管理高等教育。

一、高等教育对外开放度更高

如果说当今中国高等教育发展得益于中国的政治体制和经济体制的改革，那么，其中很重要的一点就是得益于中国政治经济体制下的改革开放，没有开放就没有今天的中国高等教育发展的成果。打开国门才能看到中国高等教育发展的差距，打开国门才会引入国外的一些先进的高等教育的管理理念，引进先进的管理技术与方法，打开国门才有对外开展高等教育管理信息交流的机会。因此，开放至少对中国的高等教育管理起到了三个方面的促进作用。

第一，促进了管理思想观念的转变。通过考察国外高等教育模式，加深了对依法治校、依法治教、教育评价、以人为本、科技创新、服务社会等思想观念的理解，把一些先进的教育思想融入了我国高校的管理工作中，促进了高等教育管理观念的转变。

第二，促进了高等教育管理法治体系的建立和完善。通过探究国外高等教育模式，我国高校建立并完善了高等教育管理的法治体系，这种体系有效地促进了高等教育科学、规范、有序、稳步地发展。

第三，促进了高等学校管理的功能更加明确和完善。传统的计划经济体制下的高等教育功能是单一的，在一定程度上可以说是为国家服务的工具，基本上没有自主性的功能，没有社会化的功能。经过了转变教育思想、教育观念的大讨论，经过了对高等教育性质的广泛深入的研究，高等教育的功能越来越明确，越来越完善，越来越符合社会主义市场经济的规律。

二、高等教育管理战略与规划的柔性

高等教育管理战略与规划的柔性是市场经济发展的结果。一直以来，我国高等教育的战略规划过于系统和刚性，特别是在长期的计划经济的影响下，比较注重短期的规划，但政府教育行政管理部门出台的系统、详细的宏观规划往往在实施中与预期有很大的差距。通过多年的实践，我国对高等教育的战略规划进行了重大的改革，特别是在高等教育改革与发展战略规划的制定中，逐步弱化了以行政方式指导高等教育组织的行动，代之以现有政策、制度、方法与措施来对高等教育进行规划，强调宏观指导下的微观决策的自主性、创造性及对市场变化的适应和调整，充分反映战略规划的协商性、指导性、灵活性等柔性特征。

协商性体现了政府以协商的态度广泛地听取社会各界意见，特别是尊重高等学校的意见和建议，并且政府与高等学校一起，通过立项的方式开展调查研究，进行经济与社会发展对人才要求的预测，进行科技的发展与学科专业发展的预测。在这一过程中，政府不再是规划的单方制定者，而是通过专家系统以及高等学校的办学者、主办者对高等教育市场需求信息的研究达成一致意见。

指导性是指政府的宏观战略规划只具有原则性的指导作用，对学校一般没有法律上的强制约束力，但指导性很强。应当承认，目前中国高等教育战略规划还在一定程度上受计划经济的影响，但是市场调节作用明显在增加。充分考虑到社会经济发展水平、公众对高等教育的需求、地区间教育发展的不平衡等多种因素，有效地发挥各级教育行政主管部门对高等教育战略规划的宏观指导作用。

灵活性体现了政府一般先编制一个中、长期总体发展战略规划，然后根据变化适时地推出短期计划以作为对总体规划的补充和调整。由于高等教育管理对象的复杂性和管理要素的柔性，计划必然会随着内外部环境的变化不断调整，以更好地实现管理目标。这就是计划的灵活性的一面。

第三章　高校教育管理模式的分类

第一节　高校教学管理

一、高校教学管理机制

（一）高校教学管理机制的内涵

高校教学管理系统包括教学管理决策者、教学者、学习者、教学评价员、教学主管等。除教学体系外，还有科研体系、后勤系统、人事管理系统、学生工作体系、成人教育体系等。所有这些体系和教学体系内的各种因素构成了极其复杂的动态关系。然而，为了实现高校内各要素的和谐统一与动态系统间的统一，就必须建立有效的教学管理机制。准确认识高校教学管理机制的内涵是教学管理机制建立的基本出发点，同时也是建立教学管理机制的现实前提。

1. 机制

要了解高校教学管理机制的内涵，首先必须了解“机制”的内涵。但是，由于“机制”的概念本身是抽象的，而且不同的管理理念的理论基础不同，所以人们对“机制”的理解也不同。为了理解这个概念，我们可以从一个普遍的角度出发。机制与竞争密切相关，没有竞争，机制可能就变得并不那么重要了。

竞争可能引起的人与人之间的冲突需要通过各种有形或无形的手段置于一定的要求之下。所有人类事务的集体性质能够决定某种自发机制的存在。任何社会活动都有一定的机制。机制起着指导和限制的作用。在教育领域全面实施市场化教育改革后，社会将对个体和集体教育行为提出相应的要求。因为市场在某种程度上意味着行动自由。但是，任何社会都需要限制个人和集体的一部分行动自由，以确保实现公共利益。重要的问题之一是如何在竞争中有序地进行竞争并扩大规模，同时使最终结果大大优于每个个人单独活动的结果。人们对机制的理解可以分为以下几种。

（1）机制即制度

在人们对机制所作的解释中，机制似乎总与制度联系在一起。从此意义上来说，制度运行及同制度运行有关的组织系统内部的关系就是机制的含义所在。因此，要理解机制，首先必须理解制度。关于制度，人们通常认为是指在一个社会组织或团体中要求其成员共同遵守并按一定程序办事的规程。由此可知，制度涉及两个方面的内容：一是人们生活于其中，既要保证个体利益又不妨碍他人利益的基本规范；二是在制度确定之前，必须考虑一个为人们所共同遵守的制度应当如何被制定出来，也就是议事的规程或办事的程序。与制度相关的概念就是“制度建设”，也就是通过组织行为完善原有规程或建立新规程，以便获得更好的效益。

（2）机制即博弈规则

从博弈论的角度看，其实可以将机制理解为社会的博弈规则，它是人类设计的，是制约人们相互行为的约束条件。在社会生活中，每个人的行为总会受他人影响或影响到他人的行为。因此，每个人的行为都是相互行为。为此，社会组织的建构就必须考虑对人们的相互行为加以约束。例如，当若干人聚集在一起分蛋糕时，就必须考虑能够公平切分蛋糕的机制，同时又能使这些人集合在一起而建立起社会组织。如果没有一个有效的切分机制，那么不仅会使个人利益受损，而且会对社会组织的建立不利。有效的机制就是“分切蛋糕者后取”。当然这里面牵涉到一个对人性的基本判断的问题。

这些约束条件可以是非正式的，也可以是有意识设计或规定的正式约束。而博弈规则就是让参与的人采取行动，以及由参与人决定每个行动组合需要对应何种物质结果。所以从博弈论出发，还能从其他方面定义机制，即通过为组织安排某种制度而约束或激发组织内部个体、群体行为的一种活动。由此可以得出结论，制度安排就是机制的核心，目的则是约束和激发组织内部中个体或群体的行为。

（3）机制即系统内各构成要素之间相互作用的形式、运动原理与工作方式

这一解释是比较抽象的，所以需要从管理学的角度进一步予以分析，而管理学的研究对象则为复杂的管理系统。这样，一个先于管理学研究而存在的是系统的存在，一个基于自然系统而存在的是社会系统的存在。任何社会系统都无时无刻不在运行着。像生命的有机体那样，要确保系统生命力和促使系统的不断演化，需要的就是系统内部所有构成要素的相互作用。在这一过程中，需要注意两个问题：第一个问题就是系统运行的动力在哪里，也就是说系统为什么能像有机系统一样充满活力并不断地朝向某个神秘的目标前进；第二个问题就是系统前进的顺序是什么。关于这些，事实经验表明，系统的运动变化是有一定规律的。而按照系统论的观点，系统运行时的程序与动力最终都要归结于内在子系统的机制，一种一经启动就可以自发不停地开始生生不息地运动的平衡关系。所以从管理学角度看，机制指的就是在管理系统内各个要素与子系统之间相互联系、作用与制约的形式，运动原理与内在本质的工作方式。

结合上述机制的制度观和机制的博弈论观点，可把机制当成社会为了对个体、群体进行约束和激发，从而设计出的制度安排。而在这一定义之中，机制的主要功能有两个：一是对个体或群体进行激发，从而促使某种行为发生。而这种被激发出来的行为正是组织所期望的行为。组织借助这些行为能够有效地实现组织目标。二是抑制个体或群体的某些行为的发生。这些被约束的行为是组织系统所不期望的行为，且它们的发生将对组织目标的实现产生严重的阻碍。同时，上述定义中所提到的制度是具有人为设计出来的正式规则的意义的。因为就人类的约束机制而言，大量的规则，即那些对人的行为有着重要的影响的习惯、道德、风俗等，乃是自发形成的；而人类设计出来的制度，只是人类的各种规则中的一小部分。

2. 教学管理机制

鉴于对“机制”的理解，从抽象的意义上讲，我们可以将教学管理机制理解成教学系统在操作过程中，其各组成要素间的相互联系和相互作用。这也是对教学运行过程属性的抽象概括。即使教学管理系统与很多要素有关，如时间、空间、

人、财、物等，而且教学管理学所要研究的对象就是要素间的各种关系，但对于机制设计来说，人才是最关键的要素。所以，教学管理机制从本质上必须考虑人与人之间的关系。从个人或群体的意义上讲，人类双方的关系问题，即人与人之间的关系，人与团体或团体与团体间的关系，才是管理者应主要考虑的问题。

在某种意义上，我们可以将教学管理机制理解为，为了对教学组织系统内部中个体、群体的行为进行约束与激发所设计的制度安排，即教学组织系统。其中，教师、教学管理者、学生、高校内部与教学有关的其他人员都属于教学组织系统内部的个体，重点是教师和教学管理者；其群体则是上述个体的类的集合，如作为群体的教师、作为群体的学生、作为群体的管理者等。

组织系统内部各成员之间的行为是相互影响的，单纯地看，一个制度安排也许是好的；但是由于它必然要牵涉到组织系统内部的其他成员，因而一个看起来好的制度安排实际运行后得到的可能是一个坏的结果。

（二）教学管理机制的核心问题

就教学管理机制的内涵来说，有两个核心问题。一是能够促使诸多行为发生的问题，即激发行为问题。从教师教学角度出发，教师要准备课程，翻阅各种类型的相关材料，对教学过程进行详细的设计，并且实施实验教学与课堂教学，指导学生的毕业设计与毕业论文，以及为学生组织一些课外活动和社会实践等。这样一来，除了能够进一步提升学生的能力素质外，还有利于教师的发展与科学、学术研究。所以教学管理为了促使以上行为发生，就可以通过机制设计来达到目的，这不是短期的，而是连续的。二是抑制某些对大学生提升素质和发展能力没有促进作用的行为发生的问题，即约束行为问题。

但实际上，不管是激发还是约束教学行为，学校在建立教学管理机制时都应当将分析教学行为作为前提条件。所以，学校在建立教学管理机制时，应先评定教学质量，并鉴别与之相互作用的教学行为及各行为之间的关系，还有这些行为同高校内部其他方面的行为等之间的关系。此外，还需要考察激发或约束的行为与高校教学管理系统外部环境之间的关系。

这种鉴别对于教学管理机制的建立仍具有方法论上的意义。没有这种对教学行为及与其他行为之间关系的鉴别，那么，一切有关教学管理机制的建立的构想都将是虚空的。

需要特别强调的是，教学管理机制的设计不仅仅是激发或约束教师的行为的问题，同时也是一个激发或约束教学管理者的行为的问题。

二、高校教学的常规管理

（一）教学秩序

通过使教学工作程序化、制度化与规范化，保证教学工作在不出差错且确保质量的情况下顺利进行，直到最终完成任务，就是学校教学管理工作最基本的内容之一。

教学是对学生进行教育的根本途径，同时也是有组织和有计划的教师教、学生学的过程。教学常规管理历来是学校管理的重要内容，也是学校领导者的基本活动。教学的常规管理不仅能确保教学工作的正常运行，还在促进教育改革和教师成长等方面发挥着十分重要的作用。学校的教学管理工作是否能顺利地进行的关键在于能否建立起正常的教学秩序。建立正常的教学秩序，是教学工作得以正常进行的保证，是提高教学质量的重要条件。

1. 教学秩序的含义

稳定、充满活力且协调的教学秩序可以称得上是一个良好的教学秩序。教师创造条件为学生传授人类已经探究过的科学真理的过程就是教学，同时也是教师对学生加以引导，从而使其将知识向能力转化的特殊过程。该过程与各年级学生的年龄特征、各年级的教材编排和课程设置等有关，也与教学任务、教学目的、教学方法和教学内容等各层次要求有关。学校管理者首先要考虑的就是怎样使教学过程产生更好的教学效果，并建立稳定、协调且有活力的教学秩序。同时，这也是学校管理者必须做的工作。

稳定的教学秩序就是学校在一定的时期，按一定的标准招收一定数量和质量的学生，开设一定数量的课程，使用一定质量的教材，使学生经过一定年限的学习，达到一定的成绩标准毕业离校。这是一个年复一年、周而复始地运转的过程。学校应当时刻按照教学规律办事，这样才能使教学秩序正常地运转下去。学校应当根据自身特点制定各种规章制度，使教学工作有章可循，所有员工各司其职、互相支持和配合。

协调的教学秩序就是上述各种因素既有各自的客观标准，互相之间又有相互制约的关系。课程的多少、教材的深浅繁简与学习年限的长短、教师教学能力的强弱，都应该相互协调。如有一处脱节，就会引起教学秩序混乱，教学中的各种正常比例关系就会失调。

有活力的教学秩序要求改进课堂教学方法，让以学生为主体的课堂代替以教师为主体的讲堂，同时也要将这两者有机结合起来，使课堂教学与课外活动互相补充、互相推进，以拓宽学生的科学知识视野，发展能力，增长才干，丰富精神生活和增强体质。这种课内外教学活动的有机结合，能够陶冶学生的情操和开拓学生的思维，使其积极主动地学习。

稳定、协调、有活力的教学秩序，有助于教师顺利完成各项教学任务。学生的德、智、体、美、劳全面发展是学校教育的根本目标。保证学生在德、智、体、美、劳等方面都得到发展，是学校管理工作的全局目标。教学计划是学校管理工作的主要组成部分。制订合理的教学计划是建立稳定、协调、有活力的教学秩序的关键。因此，学校应建立正常稳定的教学秩序，为教学工作的正常运行创造良好的条件。

2. 规范教学秩序的意义

衡量教学质量的高低不仅要看智育任务完成的情况，而且要看德育、体育、美育等任务完成的情况。智育任务不仅强调基础知识和基本技能的教学，还要求通过课堂教学和课外活动发展学生的能力。真正高质量的教学，不仅要将上述几个方面有机结合，统筹兼顾，而且要保证学生德、智、体、美诸方面全面和谐地发展，还要建立正常稳定的教学秩序。只有这样才能把学生从过重的课业负担和频繁考试的束缚中解放出来，让他们学得开心，让他们在掌握知识的同时，提高自身的实践能力、自学能力和创造能力，并形成高尚的道德品质和良好的行为习惯。

（二）教学常规管理的内容和实务

1. 常规性的教务工作内容

（1）学期初的常规性工作

学校在开学前后的工作重点就是保证班级的教学工作顺利开展并尽可能快地步入正常的教学轨道。一般来说，常规性工作是学期初最常做的工作。所以教务工作的首要任务就是编班，安排好课程表、作息时间，做好其他活动策划等，确保学校教学秩序稳定运行。

在学生基本办理完入学报到的各种手续后，下一步就是组织师生上好“第一课”。教师需要在第一节课给学生留下一个深刻的印象，让学生认识和信任老师，以便顺利进行之后的教学活动。好的开端是成功的一半。所以，教务管理人员要适当、合理地调动师生的积极性，把师生的注意力转移到课堂上来，提高课堂的教学效果和学习效果。

（2）学期中的常规性工作

在学期中，教务处的工作多且复杂，比如制订并落实各学科的教学计划和学生的活动计划、编辑全校学生名册、时刻检查教学进度、修订相关的规章制度、组织教师会议并积极听取教师意见、查看教学成果等。此外，各科教师还要在教务处的协助下，开展课外学科的小组活动，落实“课外教学”活动计划。

（3）学期末的常规性工作

在学期末时，教务处的工作重心开始转移，即组织好期末考试，并做好评分，然后分析全校教学质量及组织各科教师评价学生的在校表现；同时还要组织指导教师做好学期结束的各项工作，包括教师自身的教学总结、教研组工作总结，做好教务处自身工作的考核与评比，安排好假期工作，制订好下学期教学工作计划，做好下学期工作的总体安排；等等。学期末的这些工作是整个学校教学工作过程中的一环或一节，既承上又启下。因此，教务处一定要把这些工作做好，不能重开头而轻结尾，不能存有马虎、潦草收场的心理，以致耽误了工作。

2. 常规性的教务工作管理

（1）教务计划管理

第一，教务处教学工作计划。学校要在整体工作计划的指导下研制出教务处的教学工作计划。学校总体的教学工作计划，对整体工作计划来说是非常重要的组成部分之一，并且应当由校长来亲自主持编制该计划，而辅助制订者则由教导主任担任。

教务处的教学计划的内容主要包括以下方面：制订并实施改进教学工作的措施；增强师资队伍的建设力量的措施；开展教学研究、促进教学改革的措施；完善管理制度、稳定教学秩序的措施；提高学生学习积极性的措施；加强实验室建设的措施；等等。

第二，教师教学工作计划。学校教学工作计划管理的基础性工作之一，就是指导教师制订好教师的教学工作计划。因为学校教学工作计划管理要落实于教师教学工作计划中，所以教务管理者必须重视这项工作。教师的教学工作计划主要包括以下几方面内容：分析上一学期学生学习本科课程的一些情况，包括基本技能、知识、学习态度和方法、能力发展水平等方面；分析本学期课程的教材内容，包括基础知识与基本技能方面；分析教材体系的结构及教材和教材间的关系；本学期提升教学质量和改进教学方法的措施；教学进度安排；等等。

教务处除了要负责学校教学工作计划的制订与实施外，还应当指导学生制订自己的学习计划，使学生的学习有计划、有目标地进行。

（2）教务组织管理

在制订好学校教学计划以后，教务处就要担负起教务组织管理工作，诸如排课、调课、代课和补课，检查教学进度，检查教学质量，听取教师的意见和建议，召开教师会议，组织班主任填写学生的平时成绩和操行评定通知书，组织教师或学生进行教学或学习经验交流，详细记录与公布各年级与各班学生的缺勤情况，收集好“三好学生”和“优秀教师”材料。教务常规工作的基本职能即组织实施，而常规管理的基本职能则是组织管理。一般来说，学校对教务组织管理都是非常重视的，尤其重视教务组织工作中的统计管理。

加强教务统计管理，可以使学校时刻掌握发展动态与基本情况，从而在遇到问题时能及时地采取有效措施。学生的考勤统计、基本情况统计、学习负担情况统计、各科成绩的统计及完成教学计划的统计等都属于教务统计的范畴。而统计报表则包括了学生概貌报表，其中有全校学生人数、男女生人数、户籍、来源、民族、党团员人数等内容；教职工概貌报表，其中有教职工总人数、男女教师人数、每个专业的人数、教师文化程度、年龄、退休教师人数等内容；学生的迟到、旷课、早退人数报表；学生考试成绩统计报表；教师出勤情况报表等。

（三）课程改革与教学方法管理

1. 根据教学方法的多样性进行管理

目前教师在教学实践中所使用的教学方法是多样的。除了一般的教学法外，各学科教学都有各自的教学法，如数学教学法、语文教学法等。某一门学科的教学法又可分出多种教学方法，如外语教学中的听、说、读、写教学法。即便是阅读教学，还可以分出精读、泛读、快速阅读等方法。总之，各门学科都有着各自的教学方法。

教学方法的多样性受多种因素的制约，如教学任务、教学内容、教师特点、学生特点、教学条件。教学方法的多样性要求学校领导者在进行教学方法的管理时，首先，要求教师学习和掌握多种多样的教学方法；其次，要指导教师根据实际教学的需要，运用多种方法进行教学；最后，还要热情支持和鼓励教师进行教学改革和实验，创造新的教学方法。当然，教师对教学方法的使用应持慎重的态度。教师要对各种教学方法进行认真分析和筛选，结合教学实际加以利用，绝不能孤立、单独地运用某一教学方法进行教学。

2. 根据教学方法运用的综合性进行管理

在一节课上，教师不可能只采取一种教学方法就能达到教学目的，因此需要教师将多种教学方法结合起来，再综合运用。比如，教师在上物理课时，为了证明力学原理通常会用到演示法，让学生直观地感受到课堂内容。在教授新课时，教师又往往以提问为主，让学生产生疑问，再演示相关教具，且在演示过程中引导并启发学生进行观察与思考。最后，基于教师的提问与学生的回答情况，抓住主干问题讲清要点，让学生记好笔记，并布置作业练习。在这一系列的活动中，教师运用了多种教学方法，有演示法、指导观察法、讲解法等。

教学方法的运用之所以具有综合性，有以下几个原因。一是因为教学内容是复杂的。尽管每节课的主题可能是一个或多个，但围绕一个主题会有多个具体的问题，所以教师应根据教学内容采取多种教学方法。二是学生的学习是一个过程，所以教师在不同的阶段应采取不同的教学方法。三是某一种教学方法对某一节的某部分教学内容起作用，但不会对所有的教学内容都起作用。因此，在教学过程中，教师应将各种教学方法结合起来。

根据教学方法运用的综合性特点，管理者在管理过程中要指导教师综合运用各种教学方法，将各种教学方法有机结合起来，既可以以“一法为主，多法相助”，也可以“多法并用，相互补充”。如果教师一节课只用一种方法，就易使学生倦于听课，达不到期望的教学效果。

3. 根据教学方法的艺术性进行管理

对于教学法，教师要认识到“教学有法，教无定法”的特点，正确处理“有法”和“无法”的关系。“教学有法”是指在任何一种教学活动中，教师都要运用一定的教学方法。“教无定法”是指教师在教学过程中不能固守某种教学方法，不能将教学方法公式化，而应根据教学的需要灵活运用。“教学有法”讲的是教学方法的科学性，“教无定法”讲的是教学方法的艺术性。所以，教师在教学过程中，既要注意教学方法的科学性，又要讲究教学方法的艺术性。

教学方法的艺术性是指教师在使用教学方法时，要根据条件和需要，善于将教学方法创造性地运用于教学实践中。教学方法如何使用，什么时候使用，主要取决于教学的实际情况。

教学活动是师生的双边活动，可以充分体现出师生双方的主观能动性。在教学过程中，学生的心理状态和学习行为都会发生新的变化。对于同一种学习内容，不同的学生会有不同的反应。即使是同一个学生，由于所学的知识不同，其成绩也不尽相同。例如，当教师在使用讲授法的时候，如果发现学生对此不感兴趣，那么就应该使用其他的教学方法来激发学生的好奇心。当学生感觉到疲劳时，教师可以使用一些充满趣味性的教学方法来激发学生的兴趣，从而消除学生的疲劳。

针对这种教学方式，在教法管理中，要注重对各种教法的熟练掌握，要灵活、有创意地把教法应用到不同的教学情境中。只有在课堂上灵活运用多种教学手段，才能取得较好的教学效果，使课堂教学手段的效能得到最大限度的发挥。

4. 根据教学方法的发展性进行管理

教学方法是随着社会发展和教育发展而发展的。没有永恒的教学方法。教学方法的发展不仅指量的增加，而且指质的提高。教师不仅要创新教学方法，还应根据教学的发展不断改进教学方法。

首先，管理者应鼓励教师学习古今中外优秀的教学方法。中国传统文化源远流长，蕴含着丰富的教育智慧，也有许多值得我们借鉴和发扬的内容。管理者应鼓励教师认真学习我国古代的教育方法，剔除其糟粕，吸收其精华。我国古代教育家们创造的许多教学方法仍然具有旺盛的生命力，如“启发诱导”“长善救失”等。对历史秉持虚无主义的态度是错误的，而不分良莠全盘继承也是不正确的。所以，教师应批判地继承我国古代优秀的教育遗产。教师也应积极地吸收国外的教育教学思想、方法。凡是有用的，教师都应努力学习。同样，盲目排斥是错误的；而不加分析，全盘接受也是不正确的。

其次，管理者应支持教师在实验的基础上大胆创新。学校教导主任要认识到教学方法对实现教学目的的桥梁作用，应鼓励和支持教师不断去实验，在实验的基础上创造出新的教学方法。

再次，教学方法改革要和教学的其他改革相结合。教学方法应服务于教学思想与教学目的，而教学思想与教学目的是选择教学方法的依据。若不改变传统的教学指导思想，教学方法是很难得以有效运用的。所以，教学方法改革应和学校教学整体改革相结合。

最后，教法改革和学法改革并重。教学过程是教和学的统一的过程，是一个过程的两个方面。因此，教学方法改革是教法和学法两方面相互协调和统一的改革。长期以来，教法是为学法的有效性服务的。教师在教学过程中应加强对教法和学法的研究，促进教学方法的发展。

（四）教学方法的优化

1. 从注入式转向启发式再转向学导式

所谓“从注入式转向启发式再转向学导式”揭示了学导式由启发式发展而来，启发式由注入式发展而来。其中，注入式又可以称为填鸭式，主要是指教师并不关注学生在现实中的知识水平、理解能力和认识过程的客观规律，只是一味地灌输给学生现成的知识结论，从自己的主观方面掌控教学进程，且实行让学生死记硬背的模式。而启发式则指的是，在教学过程中，教师按照学习过程的客观规律，对学生进行引导，使其能自觉掌握知识的教学方法、理论等。

学导式教学是由启发式教学发展而来的，它的教学方法是，在教师引导下，教师对学生采用个体结合群体的方式，使其自主、直接和快速地参与教学过程，让其从教材中获取知识，形成学力，掌握学法，这是学导式教学法的完美形态。这种教学方法除了要求教师对教学中的人人关系和人书关系加以重视外，还要求教师对教学系统空间因素进行考虑，考虑教学内容的量度、密度，注意教学的速度与节奏，高速高效地安排教与学的过程。从学生角度来看，学导式教学是一种主动学习、自主学习活动。由此可以看出，启发式是对注入式的否定，学导式是对启发式的升华。

2. 从依赖教学转向自主教学

学生对教师有着很强依赖性的教学活动即依赖教学，其有着“一维性”特点，也就是只有一种目标与结果。在依赖教学过程中，教师统一安排教学内容、统一制定教学目标和统一使用教学方法，而学生则会因为教师让自己学习才学习，觉得学习是教师要管的事。依赖教学的“一维性”使有的学生“吃不饱”，有的“吃不了”，有的“吃不好”。

学生受教师引导主动地参与到教学的全过程，且能够自主地进行学习活动就是自主教学。这一教学活动有着“多维性”特点，也就是会有多种目标与结果出现。教师对学生予以鼓励，并且促使他们通过制订学习方式、策略而实现自我强化，以便能够最大限度地按照自己的能力与特点制定出教学目标。学生会认为学习是自己的事情。自主教学的“多维性”会使学生在原有的基础上得到不同程度的提高。

从“依附式”向“自主式”转变，不仅是教育改革的大势所趋，而且是一个循序渐进的过程。自主教学是一种教学方法，它需要教师在学习需求、学习方法、学习过程、学习资源、学习时空、学习评价等方面对学生的自主性进行提升，同时还需要学生有明确的使命感与目标追求，还要具备创新意识与活跃的思维，并且可以自发地对自身学习行为进行监控与协调。

3. 从认知教学转向情知教学

认知教学的教学过程是感觉—思维—知识—智慧的过程，偏重智力、逻辑、分析、科学领域。它的特征：教师不向学生提供观察、思考、提问题、自己动手的机会，只是一味地讲解，而学生依样画葫芦地做习题。学生摸不清学习的具体目标，不知道自己在学习的长途中走到了什么地方，走得怎么样，应从哪些方面努力等。

情知教学的教学过程是感受—情绪—意志—性格的过程。它的特征：强调教学过程是认知过程与情意过程的辩证统一，因而情知教学不但重视研究教学过程的认知因素和智力因素，而且重视研究教学过程中的情意因素；不但重视认知功能中反映作用的发挥，而且注重情意功能中动力作用的发挥。

三、高校教学管理模式变革

（一）当代高校教学管理观念的变革

1. 由“以事为本”转变为“以人为本”

如今，当代的高校教学管理想要贯彻“以人为本”思想，就要面向基层、服务对象与教学活动等。所以，管理者不管要实施哪一项与教学管理相关的制度、政策与措施，都要将这一点作为前提，以促进教师教学活动的自主性与创造性、学生学习的积极性与主动性等，以便能够对学生的实践能力与创新精神进行培养，从而在最大限度上发挥其创造性、主动性。因此，当代高校教学管理的观念应转变为以“人”为中心的民主型管理观念。当代高校教学管理应改变被管理者、学生与教师的被动地位，使他们既属于管理对象一类，同时也能具备管理主体的观念；与此同时，还应采用民主与参与式的管理方式，充分保证教师顺利地参与教学管理工作，并提出与教学管理有关的建议，以有助于学校教学管理工作的顺利开展，保证教学质量。

管理者与被管理者之间有工作和人际关系的双重关系。工作关系侧重于职责，而人际关系侧重于情感的交流。在学校的教育管理工作中，要使这两种关系达到一个大致的平衡，站在被管理者的角度来看，管理者除了要重视其工作关系，要对被管理者进行严格的要求，并要坚持原则之外，也应注意到人际关系的重要性，即要增进彼此之间的感情，爱护被管理者与关心被管理者。

2. 坚持“教师主导，学生主体”的教学原则

“教师主导，学生主体”的教学原则强调学生在学习时的主体地位。因此，教学活动的最终效果或评估系统不是基于教师所教的内容，而是基于学生所学的内容及其对他们的素质产生的影响。从本质上说，这是“以人为本”的思想在教学管理过程中的重要体现。

（二）当代高校教学管理模式的变革

当代高校教学管理模式要坚持“宽严相济”的原则，也就是在教学管理工作中应当严格遵守规章制度；同时，对于创造性人才的培养，在管理模式方面也应强调柔性和弹性管理，充分挖掘学生潜力，并为发展学生个性创造条件。所以，教学管理者应当时刻为学生提供充分展示自我的空间，让其发挥自身的个性，进而让其创造性思维在一种宽松的环境氛围中得到发展。与工业经济时代“标准化”教育的“刚”性管理相比，当下知识经济时代的教育是一种建立在鼓励创新教育基础上的有较高理论水平的“柔”性管理。因此，我国高校应重视对“刚”性教学管理制度的改革，在深化教学管理改革中，发挥教师的积极作用，加快改革进程。

在人才培养模式中应用先进的教学理念有赖于高校教学管理部门有效协调、组织教学工作。例如，高校教学管理部门的一项重要任务就是制订人才培养计划。其遵循的原则是否符合培养创造性人才的要求、是否协调了各方的关系，对深化

教育教学改革有着举足轻重的影响。对于课堂的教学评价来说，传统意义上的突出重点、逻辑性强和解决课堂问题等是上好课的基本标准。这一基本标准主要服务于传授知识的教育模式。而从培养学生创新精神的角度来看，传统的教育方式已无法满足现实的需要。所以，高校的教学管理部门应当制定教师教学评价标准，并在教学评价时以现代的教育理念为指导，激发教师教改积极性。此外，高校教学管理部门应改进教方面的管理和学方面的管理，主要应关注学生的学习方法、学习态度、学习习惯与效果等。在人才评价标准方面，如果标准过于单一机械，往往会压制学生的个性发展，扼杀其创新精神，所以高校教学管理部门应当正确对待每一个学生，并支持其个性发展，使其能够开发自身潜能、发展独特个性、培养自身兴趣爱好等。因此，高校应建立有利于学生成长和教师发展的现代化教学管理模式。

四、高校教学管理的信息化创新

（一）高校教学管理信息化建设的意义

高等教育必走的强业之路就是要保证快速平稳地实现教育的信息化。为了满足我国当前高等教育不断扩大招生规模、不断增强校内建设的需求，建立高校信息化管理教学体系已十分必要。学校中教师的数量在不断增多，学生的数量更是逐年增长，这就使得管理学校的难度加大。国内的高校教务部门正在逐步建立健全信息化的教学管理体系，期望带动教学模式信息化的快速发展。同时，国内高校教学管理体系应实行相对统一的运行标准，以保证各大高校间能顺利地合作进行教学管理、学籍档案管理和用户管理等方面的工作，也能有效降低共享工作信息资源的出错频率，提升工作效率。

高校建立信息化教学管理体系，除了可以提升教学信息的处理能力，加大信息储存的管理力度外，还可以让校内的教学管理工作实现有序化发展。这样一来，就能在一定程度上减少管理人员的工作量，避免浪费人力和资源成本，充分发挥教学管理工作的重要作用。

（二）高校教学管理信息化平台

1. 高校教学管理信息化平台的内容

教学管理信息化平台的建立是目前高校教学管理的重点。如何建设好教学管理信息化平台，是实现教学管理信息化的关键。因此，教学管理信息化平台必须包含如下几个板块：第一，对使用者进行管理。用户群体的设置可以是学生、教师，以及其他人。他们必须输入账户名称和密码，被允许通过后才能访问平台，从而进一步保障教学管理系统的安全。另外，教学管理信息化平台应使用户在选择板块内容时相对自由，但不允许用户随意地更改信息。第二，课程管理。教学管理信息化平台应能使平台管理者及时地对开设的课程及与课程相关的信息进行录入，如录入课程用时和课程代码等信息，同时要便于师生查找有关课程的信息。第三，课程安排的智能化。课程安排的合理性与教学结构有直接的关系。该系统要根据实际的教学情况对教学资源进行优化。第四，制订学习计划。学生可以通过该平台方便地查询到已完成的课程和未学习的课程，以及自身的学习状况，以便为制订适合自己的学习计划做好充分的准备。第五，教学材料的管理。这种管理方式的目标是，使教师能够方便地获取教学资料，安排教学进度。第六，登记管理。学生在完成了人工登记之后，还要在网上进行登记。这能有效防止学生的个人信息丢失。第七，学习情况和学生档案管理。学生的学习情况、档案等都是学生的主要资料，学校管理人员可以在平台中找到学生的相关信息有效地提高学生管理效率。

2. 高校教学管理信息化平台建设的策略

高校要想建设高品质的信息化教学管理平台，就必须谨记“人不在于多，而在于质”，也就是要尽可能减少管理人员数量，以最小的投入换取最大的回报。所以，这样的选择势必会促进高校教学管理信息化建设。

（1）严格遵循设计教学管理信息化系统的原则

首先，设计者要事先考虑到信息化教学管理系统中所需要的资料，并对每个系统建设的细节有充分的了解。这样做可以为教学管理信息化平台的后期设计提供有力的现实依据。同时，设计者还要结合当前高校发展的具体情况，基于学校发展的具体要求来对信息化教学管理系统进行设计。其次，设计出的系统应尽量简单且方便操作，避免出现非常繁杂的页面与复杂的启动程序等。设计者应在页面首页设置提示字样，以便用户找到需要的信息。这也正是保障高校教学管理体系信息化的主要推广原则。再次，设计者应明确工作流程。这意味着在具体操作中，设计者要把握规范，不能违背原则进行操作。在平台板块的设计上，设计者应尽可能贴近教学实际，实现各方渠道信息的一致性、完整性，防止信息被错误获取。最后，设计者应建立有效的信息反馈板块，方便使用者在亲身经历之后提出合理的意见和建议，提高信息化教学管理系统的性能。

（2）明确教学管理信息化平台的基本组成部分

教学管理信息化平台必须具有以下基本组成部分：学籍管理模块、校内资源管理模块、教务信息管理模块。其中，校内资源管理模块包括教室资源、精品课程、课程资源及教师资源管理等方面；学籍管理模块包括已修学分的查询、学籍信息及学历有关的信息查找；教务信息管理模块包括课程信息、考试考核、培养计划等。信息化教学管理平台就是由这三大模块组成的。这三大模块除了能保障平台高效运行外，还有助于实现资源的共享，以方便学生和教师获取信息资源。

（3）建立高质量的网络维护安全网

智能化网络系统对信息化教学管理平台来说是非常重要的，但对于网络系统来说，其各方面经常会受到威胁，具有可侵害性与不稳定性。因此，对系统自身的安全性的保障应当是教学管理信息化平台维护的重点，使其尽量少受到外界的干扰。目前的教学管理系统主要是基于校园网建立的。设计者需要运用较强的技术手段，提供一个能及时处理信息和可信度高的信息平台，同时建立高质量的网络维护安全网，进一步促进平台信息化的不断发展，从而保障信息的安全。

（三）促进高校教学管理信息化建设的具体方法

1. 更新教学观念，加大教学管理信息化的建设力度

为了提高教育信息化水平，教师的教学理念和对现代教育技术的应用能力至关重要，而且教师能够对学生产生很大的影响。因此，教师要发挥带头作用，大胆采用新的教学方法，大胆尝试新的信息化技术，逐步引导学生适应并积极应对

当前的新教育形势。此外，学校还要积极更新信息化教学管理应用观念，加强教务体系建立与信息化教学管理，不断深化信息化教学管理系统改革，保证信息的安全性。

2. 建立优质的教学管理体系，不断提高工作效率

高校教学管理信息化是不断发展的，因此信息化管理水平和管理人员的工作效率就会显得非常重要。所以，为了进一步适应当前发展要求，各部门之间应积极配合。学校的领导还应建设出一支优秀的教学管理队伍，提高教学管理信息化的水平，增加校内管理人员参加培训的机会，使其走出去，引进更多的高端教学模式，鼓励管理人员，使其努力提升自身的专业化素养，同时提高应用现代化科技的水平，培养管理人员思考与解决问题的能力，避免教学管理工作中可能会出现的弊端，从而促进教学管理系统信息化的快速发展。

3. 保障教学管理信息化平台的科学性

教学管理信息化平台的建设需要信息资源和信息技术的支持。管理者在平台的开发设计过程中要充分结合学校当前的实际情况做出合理的调整，以提高建设速度；针对整个设计开发过程，一定要选择专业的设计团队，同时需要有一个具有较强决策能力的领导参与其中，以加快整体设计开发进度；在系统正式投入使用之后，管理者应该安排专业人员根据用户提出的某些建议，不断地对其进行调试和修改，这样才能更好地体现出教学管理信息化平台的智能化和科学性，满足用户对信息处理、收集、共享和管理等方面的需求，提升平台的应用价值。

4. 建立相关的系统管理制度

教学管理信息化平台的建设，除了要有专业的团队进行管理，还要有各种技术的支持、全新的教学观念、合适的管理方法。因此，为了更快地建立和完善高校教学管理系统，管理者就应该制定合理的管理规定，对教学管理信息化系统进行监督，避免不符合规定的情况发生，影响到系统的应用性。同时，良好的管理制度可以让高校内部管理人员根据实际情况及时地对系统进行修正，避免出现信息错误而影响到工作的正常进行。

五、高校教学管理中的新媒体管理

（一）新媒体的界定

现阶段，人们对于新媒体仍没有一个统一、明确的认识。美国的《连线》杂志中将新媒体界定为“所有人对所有人的传播”。我国有学者将其定义为“新媒体构成的基本要素有别于传统媒体，否则，最多也就是在原来的基础上的变形或改进提高”。事实上，新媒体与传统媒体相比，新媒体是在广播、报刊和电视等传统媒体的基础上发展起来的新形态。新媒体利用了网络技术、数字技术与移动技术等，并通过无线通信和有线网络等渠道，以及手机、电脑等服务终端，最终使用户接收到信息的新媒体形态。而即时性和交互性、超文本与多媒体、共享性与海量性、社群化和个性化等都是新媒体所具有的特点。

（二）高校新媒体教学环境构建与管理

1. 多媒体教室构建的原则

（1）实用性

实用性是建设多媒体课堂的主要目的。只有操作简便、切换方便、效果好，才能使多媒体教室的效能最大化。

（2）可靠性

多媒体教室构建的首要设计原则就是确保设备的长期稳定和人机安全等，以便在系统运行中，为用户提供有效的技术手段，降低用户的人工与资金成本。

（3）先进性

相关人员在对设备进行选型时，应当随技术发展的方向做出相应的调整，尤其是在对中央的控制软件进行选型时，更要充分体现系统的整体性和先进性。

（4）扩展性

多媒体教室能否和互联网相连，能否调用教室外教学资源是判断多媒体教室可扩展性的首要标准。

（5）安全性

考虑到在非教学时间内使用教室设备的安全性，相关人员应当按照设备的规格定制操作台并兼顾防盗、防火。

（6）便捷性

多媒体教室设备应可以实现一键关机或是远程操控关机功能，以方便教师操作。

（7）经济性

经济性是设备选型和系统设计中最为重要的因素之一。因此，应当适当降低总体投资，让经济性和先进性实现完美统一，以及价格比和设备性能的综合最优化。同时，一切都要从学校教学管理的实际出发，拒绝一切学校用不到的、华而不实的东西。

2. 多媒体教室的构建

（1）单机型多媒体教室的构建

①电子书写屏

电子书写屏可以代替显示器，并具有黑板的传统书写功能。目前产品的主要功能为同屏操作、同屏显示、自动排版、文书批改、手写识别、动态标注、后期处理等。使用电子书写屏可有效避免多媒体教室设备因使用粉笔灰尘过多而导致设备出现故障而影响设备使用，尤其是投影机因灰尘过多而频繁保护停机，以及液晶投影机的液晶板因灰尘过多导致物理性损伤的情况出现，同时也能为教师提供洁净的教学环境，有益于教师身心健康。

②投影机

相关人员应按照多媒体教室的大小，配置出具有不同对比度与亮度的品牌液晶投影机。一般情况下，对比度与亮度越高，投影机的价格也就越高。同时，因为多媒体教室中最主要的消耗品就是投影灯泡，所以相关人员在选择品牌投影机时应尽量选择质量较好的投影灯泡；另外，要注意使用亮度稳定且寿命较长的UHP冷光源灯泡的投影机。

③操作台

相关人员应根据设备规格科学合理地设计定制操作台，要考虑到使用的方便性并兼顾防盗性。应用电控锁作为操作台门锁，通过中央控制器实现一键开、关机，即一开即用、一关即走，极大地方便教师使用。

单机型多媒体教室的构建应根据多媒体教学特点采取优化措施，不配置其他不常用或多余设备，使整个系统简洁明了，利于教学与管理。

（2）网络管理型多媒体教室的构建

①中控系统

网络管理型多媒体教室大多采用网络中央控制系统。这一系统有丰富的接口、功能强大，且有着高集成度的特点，并且还内嵌了网络接口，采用了 TCP/IP 技术，通过校园网间的互联来进行远程的集中控制。控制方式主要有三种，即通过软件、网络与手动面板来控件。

②操作台

相关人员也应按照设备的规格来合理设计操作台，以此来满足使用方便、防盗的要求。在开启操作台门锁时，可以进行本地操作，也可进行网络远程控制。也就是说，中控系统联动的控制锁也能充当操作台门锁，多种设备联动后可以达到一开即用、一关即走的效果，方便使用。

③监控点播系统

管理人员既能够通过监控点播系统远程把控教学动态，还能够通过有关的控制软件来让教师同步录制上课视频与计算机屏幕内容，从而真正实现转播与即时点播的功能。

3. 多媒体教室的管理

（1）管理系统建设

多媒体教室的管理系统主要包括两个部分：一是多媒体教室的教学管理系统，二是多媒体教室的网络控制管理系统。在教学管理方面，应该由主管人员统一安排使用，逐渐向网上预约转变，开发出一套与本校实际相适应的多媒体教学管理系统。也可以采取智能化预约，提高多媒体教学的管理效率。

多媒体教室网络控制管理是指可在主控室内控制多媒体教室内的相关设备，实现设定功能，并能实时与任课教师进行交流，保障教学正常进行。学校应根据教学实际多方论证，选择适合本校的多媒体教学系统。多媒体教室网络控制管理系统的应用将可以更及时快捷地反映问题和解决问题。管理上的方便、直接和高效，解决了多媒体教室数量增加后管理复杂、人员紧张的难题。

（2）管理人员建设

学校应以人为本，明确人才队伍建设对多媒体教室管理的作用与地位，在加强多媒体教室硬件建设的同时，应注重和加强管理技术队伍的建设。多媒体教室管理技术队伍是多媒体教室建设的骨干力量，对保障多媒体教学正常进行、教育技术与课程整合起着重要作用。因高校各学科教师对多媒体技术掌握程度不一，管理人员的任务不仅仅是建设、管理好多媒体教室，同时应根据教师需求承担起多媒体技术培训的任务，更好地为教师服务、为教学服务。

学校在人员建设方面应渐渐在管理技术队伍中引进高层次和高学历的人才，从而对队伍原本的知识结构进行改善；同时还要制订较为详细的培训计划，提升现有技术人员的实践技能与业务水平，以适应技术的发展和多媒体教学的需要；重视和发挥管理技术队伍的作用，用好人才，积极创造条件，调动人员的工作积极性；加强考核，建立人员考核制度，建设一支业务水平高、富有团结协作精神的管理技术队伍，使其为学校教学科研工作做出积极贡献。只有不断优化结构，提高人员素质，建设高水平管理技术队伍，才能充分发挥现代信息技术的作用。同时，管理技术人员通过构建多媒体教室，在实践中积累经验，有利于更好地为教学服务。

（3）管理方式建设

①自助式管理

自助式管理是指教师在掌握了多媒体技术与设备操作规程之后实行的多媒体设备的自我管理。在每学期的开学初期，学校应根据教室设备的差异对需要使用多媒体教室的教师分开进行技术培训，在培训结束后发放相应的资格证书，并在使用后的一段时间内安排管理人员进行现场跟踪，记录相应教师的操作能力，有针对性地对其再次进行培训，对能独立操作的教师核发独立操作证书，对其采用自助式管理措施。教师在上课前到规定地点领取钥匙即可，由教师自行操作设备的开关。自助式管理适用于相对分散、无法或不适合安装管理系统的多媒体教室。该措施的实施能有效缓解管理人员紧张的局面。当然这需要相关职能部门的配套支持。

②服务式管理

对于实行网络管理的装有监控系统的多媒体教室实行服务式管理。服务式管理是指教师无须对设备开关进行操作，通过网络管理系统在上课前5~10分钟内开启全部多媒体教室教学设备，教师直接使用设备即可。管理人员通过监控系统全程监控设备使用情况，并在上完课后，检查设备状况并关闭设备与操作台。

管理人员在服务式管理与自助式管理过程中应加强设备管理，加大巡查力度，做好记录，及时了解设备使用状况、投影机灯泡的使用时间，定时还原计算机系统等。这样做能够极大地方便教师的使用，提高课堂教学效率，同时能够体现管理为教学服务的思想。

多媒体教室的构建与管理是一项系统工程，管理人员应在实践中不断摸索，及时沟通，以教学为本，完善管理机制，最大限度地保障多媒体教学正常进行，促进技术与课程的整合。

第二节　高校学生管理

高校学生管理是高校管理工作的重要组成部分，它所涉及的工作内容颇为广泛。随着社会经济的快速发展和信息时代的到来，我国许多高校的管理水平都已得到了显著提高，但也在接受着社会的监督和考验，因此高校学生管理工作需要不断创新。

一、当前高校学生的特点

（一）思想认识多元化

1. 坚定的理想信念

总的来说，目前我国大学生的主流思想是积极的、健康的、向上的。不仅如此，大学生能够十分理性地看待国家在发展过程中所面临的问题、机遇，能够保持较高的爱国热情，对经济、政治局势的未来充满信心。

当前，大部分大学生对涉及民族尊严乃至国家根本利益的问题颇为关注，能够将自己的未来与国家发展联系在一起。这充分体现了当代大学生对国家未来发展的关注，以及对祖国的热爱之情。

2. 务实进取，积极实现自我价值

目前，务实进取、健康积极的学习和生活态度是大学生的主流价值观和人生观。他们注重自我价值的实现，且愿意为社会发展做出贡献，也愿意将社会贡献及个人价值的实现统一起来。

大学生对价值的基本判断是大学生形成健康积极的人生态度的一个表现方式。例如，在人与人之间的关系问题上，大部分学生对“利益最牢靠”“帮助他人自己会吃亏”的观点持反对意见。从上述内容中不难发现，当代大学生有着强烈的历史责任感，他们务实进取，极其渴望将自己的全部才华施展出来，为社会乃至国家贡献出自己的一份力量。大部分大学生能在国家、集体、个人的利益关系问题上选择服从国家和集体的利益。

需要注意的是，虽然健康向上的人生价值观是大学生目前的主流价值观，但由于部分大学生认为自我实现及发展更为重要，便呈现出了其价值观、人生观多样化的特点。

3. 注重综合素质的提高

身处校园的大学生深知社会竞争的激烈。面对这样一种局面，大部分大学生希望通过不断学习来提升自身在社会中的竞争力，从而获得一个较高的就业起点，获得发展上的主动权。与此同时，大学生也深知，在竞争激烈的现实社会中，仅具备单一的专业知识是远远不够的，还需要具备专业技能和其他一些专业素质，也就是说，要不断提高自身的综合素质。

（二）性格特征复杂化

1. 心理及个性化发展的不协调性

目前大多数大学生是独生子女，他们的自我意识及竞争意识较强。同时，他们还追求个性化的发展。正因如此，目前大学生的自控能力相对较差，且团队协作精神及集体主义观念也相对较弱，心理素质较差。在此背景下，部分大学生很容易因环境不适、学习压力大、恋爱受挫、人际关系不协调及就业压力大等原因而产生心理障碍，从而对学习或者工作产生排斥心理。还有部分大学生并不了解社会竞争的复杂性，而对学校和社会的期望值过高，以至于在现实情况达不到自己的预期时，便会产生强烈的挫败感。他们虽然具有较强的自我意识，但对实现自我价值的过程中可能会遇到的困难了解尚浅。

2. 自主学习与专业成长的不协调性

大学生迫切想要了解新鲜事物，且乐于吸收多元化的新观念。他们有着较强的自主选择知识进行学习的欲望及要求，与此同时，对选择知识的目的性较以往相比也有所增强。但仅从该层面来看，大部分大学生只是关注自己喜欢的或是当前的一些热门话题，而对于自己专业、知识、能力等方面的判断还会出现一定偏差，且相对而言并没有制定较为长远的目标。

（三）生活、学习方式多样化

1. 生活方式多样化

生活方式包括人们在衣、食、住、行、民俗活动、兴趣爱好、文化活动等方面的行为习惯和方式。每个大学生都有属于自己的生活方式，且每个大学生的生活方式都有所不同。例如，有些学生经常旷课出去玩；有些学生把大量时间用在学习上；有些学生生活没有规律；有些学生喜欢结伴去旅行等。由此可见，当代大学生的生活方式趋于多样化。

除了性别、地域、个人爱好等不同的原因外，大学生的生活方式之所以呈现出多样化特点，还因为他们在经济状况上存在差异。可以毫不夸张地说，我国几乎每所大学之中都会有贫困生的存在。而且，这些贫困生不仅来自偏远的农村，还有部分来自城镇，他们一般通过政府资助政策来完成学业。

2. 学习方式多样化

由于大学各类课内外活动繁多，且大学里的知识浩如烟海，因此为大学生的个人发展提供了十分广阔的天地。但运用什么样的学习方式才能将课本与课外知识有机结合起来，如何对专业学习能力进行培养和提高等问题，是大多数大学生所面临的一个重要问题。

除了听课这一学习方式外，大学生还可以进行多媒体学习、学术交流及社会实践等，以此来提高自己的专业技能及拓宽自己的知识面。特别是随着素质教育的实行及学分制的推行，大学生在自定目标、自选专业、自修课程及自我发展意识方面的能力有所提高，特别是随着大学后勤服务社会化的不断完善及大学生居住趋于公寓化，因学习、住宿而结识的大学生群体规模不断扩大，而以班集体为主的学生组织形式被逐渐弱化。

二、高校学生管理的问题分析

（一）高校学生管理存在问题的原因

1. 教学管理制度改革扩大了学生的自主权

陈旧的教学内容和方法不能满足学生的需求。由于学分制的实施，大学生拥有了更大的自主权。这种自主权的扩大尤其体现在学生对教师的选择上。这极大地推动了教学管理向多元化方向发展。

陈旧的教学内容和方法无法满足学生“选”的需要。为此，教师应当对自己的教学行为予以审视，转变自己固有的教育理念，并提高自主学习意识，定期更新自己的知识，充分满足学生的需求，从而提高教学质量。

2. 学习由被动变为主动

毫不夸张地讲，传统教育抑制了学生的个性发展，使其难以发挥潜在的创造力，因此会出现学而无用的情况。经过学分制、主辅修制、弹性学制等教学管理制度的改革，学生能够将学习当作一件愉快的事情来对待。这样做，无疑能最大限度地发挥学生的个性。但事物往往具有两面性，教学管理制度的改革同时也给学生管理工作带来了新的挑战。

（1）载体发生了变化

在传统教学管理制度下，因为一个班的学生在一起上课，所以管理起来比较方便。但在学分制模式下，一个班的学生很可能在同一时间上着不同的课程，且被分派到不同的教室。而新的教学管理制度与传统的教学管理制度的区别在于，它在客观上造成了“同学不同班、同班不同学”的现象。在新教学管理制度背景下，传统的自然班级概念被淡化，而以班级作为学生工作核心载体的传统模式也随之发生了一系列变化，如教学进度、课程设置、成绩管理、学籍管理、教材管理等诸多方面都发生了变化，由此可见，学生管理工作的难度大大增加。

（2）管理对象呈现出新特点

随着新教学管理制度的实施，大学生有了更为良好且宽松的学习环境，除此之外，还拥有了展现自我的广阔空间。但在学生个性化得以增强的同时，其团队精神及集体意识被大大削弱。不仅如此，在高等教育普及化的背景下，大学的生源质量却没有呈现上升趋势。各种知识水平、思想层次的学生都聚集到了校园之中。这给学生管理工作带来了更多、更复杂的问题。而那些处于快速发展之中的高等学校并没有意识到这一点，也没有采取相应的措施。

3. 收费制度改革改变了学生与学校之间的关系

作为受教育者的大学生，长期以来处于一种被管理的地位，而教育则被视为一种管理活动。与传统教育管理观念有所出入的是，新高等教育管理观念强调教育不仅仅是一种管理活动，同时也是一种消费。那么，既然是一种消费，师生之间也就不再是一种单一的教育者与受教育者的关系。更确切地说，应当是一种契约关系、合作关系。由此可见，师生在该新型关系之中是平等的。大学生在此关系之中对教育质量有了更高的要求，且迫切想要参与到学校建设和管理之中。不仅如此，大学生对自身权益的保护意识越发强烈。而对于教师而言，其在整个教学过程中，始终要维护学生（消费者）的合法权益。

但是部分高校并未对这种新观念有较深入的理解。受传统思想观念的影响，部分高校管理者认为，学校就应当管理学生，而学生也应当服从学校及教师的安排。这种思想和行为忽视了学生的理性思维。也就是说，这种教育和管理模式使学生受到了诸多限制，导致学生的自主能力及自我管理能力不足。

4. 高校后勤社会化改革引发了诸多问题

近年来，我国大学后勤社会化改革取得了前所未有的成绩，为大学的迅速发展提供了重要的保证。那么，后勤社会化究竟是什么？其实，它主要是以分流的形式将高校的后勤服务与社会主义市场经济体制相结合，从而建立相关的市场化服务体系，使高校后勤服务发展成一个独立的高校后勤产业，同时推动学生管理工作的开展。但在具体实施过程中也引发了一些新情况。

其一，目前有许多学生都选择住在校外，呈现出大学生的成才环境社会化和生活社区化的新趋势。高校对大学生行为的约束力在一定程度上被削弱了。

其二，在改革之后学生公寓实行成本收费。这使大学生的生活条件和学习条件都得到了一定程度的改善，但削弱了大学生的劳动观念，且弱化了宿舍的育人功能。

其三，相对而言，共同居住的学生群体规模较大。因此，管理者的管理难度加大。

上述三点只是诸多新情况中的一部分，因此高校应当予以高度重视。争取在短时间内建立一个相对科学、健全、切实可行的管理制度，对高校学生管理工作来说，无疑是一个新考验。

5. 就业形势严峻给学生管理工作带来了冲击

随着科技的进度、经济的不断发展，我国高校毕业生的就业制度也随之不断改革和完善。特别是毕业生就业市场体制的确立，为诸多大学生提供了施展才华及公平竞争的机会，但也正因如此，部分毕业生也同时被残酷而严峻的就业形势所困扰。

目前，我国的各大高校扩招使人才供需状况与就业形势之间的供求矛盾更为突出。与市场需求不匹配的高校毕业生的就业率较低。在这种就业形势下，部分学生会迷茫，不知道应如何选择，甚至有些学生还会对择业产生恐惧和烦躁的心理。所以，现在很多本科生会专门留出一年的时间（大学最后一年）去找工作，而专科生则会专门留出半年的时间（专科最后半年）去找工作。这种情况导致教学质量无法得到保证。

且不说如此，由于每个学生自身的实际情况不同，他们会做出不同的选择。部分学生已经找到了相对稳定的工作，并愿意在该单位上班；还有一些学生则不想马上成为上班族，他们还想继续学习深造，向着更高层次的学历迈进；还有一部分学生既不想继续学习深造，又没有找到适合自己的工作，整天四处奔波。上述情况无疑为大学生管理工作增加了难度。同时，就业困难也逐渐成了部分大学生厌学甚至做出其他不良行为的诱因之一。

三、高校学生管理的改进对策

（一）完善学生管理体制

其一，在加强高校学生工作机制建设的同时，要加强高校学生工作的组织与协调职能；对学生管理系统中的各部门及层次、岗位职责等进行进一步的梳理，使各岗位人、责、权统一起来。

其二，促进基层作用的发挥，适当放权。与传统高校管理体制有所不同，当前的高校管理体制担负了双重任务，即对学生进行思想教育和行政管理，且该双重任务主要以校、系两级职责分明、条块结合的学生工作运行机制和网络为显著特征。所以，基于该层面，各院系应当具有开展学生管理工作的职责和权力，还应当做到责权统一。也就是说，要想便于及时发现并解决问题，高校就要适当下放管理权。这对于管理工作效率的提高也是有很大帮助的。

其三，在适应学分制的同时，推行和实施年级辅导制。这主要是为了进一步强化以系为单位的年级管理，从而提高专业教学与班级管理间的融合度。但需要说明的一点是，上述做法并不意味着对班级管理的否定，因为基于学分制的学生班级实质上还是相对重要的学生单元组合，因此应当将其纳入学生管理体制中。

经过对传统高校学生管理体制及当前高校学生管理体制的深入研究，相关学者认为建立“精而专”的学生教育管理部门可以改善学生管理体制。高校有责任和义务担起培养新一代现代科学技术的传承者和创造者的重任。

我国目前的高校学生管理实行的是党政合一、纵横联合、条块结合、两级运行的管理体制。从某种层面来讲，该体制不仅观念陈旧，而且其效率较低，整体的管理模式单一。因此，只有将陈旧的分散式管理转变为集中管理，也就是“精而专”的管理，才能更好地确保思想教育计划的顺利实施。

目前，从宏观上来看，要建立一个“精而专”模式，就需要设立一个学生教育管理部门，即把各个部门兼职管理的学生事务交给学生工作管理系统来处理。简单来讲，这种管理体制的结构实际上是对目前学生管理机制的分化和整合。

从某种角度上来讲，将“专兼管理”这种间接管理的模式转变为“精而专”的直接管理的模式，能在一定程度上起到积极的作用。一方面，它有利于组建专业的学生工作队伍，取消系一级中间管理环节，形成畅通的信息渠道，从而提高整体工作效率；另一方面，它将“小而全”转变为“精而专”可以使学生管理工作形成一个相对专一的学生工作体系。

（二）健全学生管理制度

1. 依法制定相关制度

在对大学生进行管理的过程中，高校应当根据相关法律来制定并实施各种规章制度；除此之外，还应当对现有的一些规章制度进行完善。高校应当保留之前有效的改革成果及方法，摒弃那些无效或是效果不佳的方法，同时还要保证制度与依法治校原则的要求相符，这样才能切实体现出规章制度的存在价值。

2. 更正错误观念

部分高校管理者认为法律只是一种工具，可以用来解决任何问题、管理学校，这是一种错误想法。一些学校对“依法治国、以法代管”的误区，往往将其误解为“依法治国”。“管理”这个词，并不是控制，而是管理和服务的结合。在学校的经营活动中，行政人员要始终以法为本。因为，法律不仅具有预防、警戒和惩罚违法行为的基本功能，而且还具有指引、评价和预测人们的行为，保护、奖励合法行为，以及加强思想教育的基本功能。

（三）改进学生管理方式

1. 学生管理工作进网络

（1）加强思想教育

高校应当定期举办一些关于网络知识及网络心理健康教育方面的讲座，针对学生上网问题，对学生进行正反两个方面的思想教育，从而使学生形成责任意识，让他们懂得分辨健康与非健康的相关信息内容，增强他们分辨是非的能力。

（2）加强网络管理

第一，各大高校应当从校园网主页的质量方面入手，严格入网要求。

第二，各大高校应当加强与校园周边网吧的联系，防止有害信息入侵。

第三，各大高校应严格控制学生上网时间，确保其不会因长时间上网而影响学习成绩和身心健康。

（3）鼓励和引导大学生参加课外活动

经历过高考之后，大部分学生会感觉大学相对自由，且在课程时间安排上比较宽裕，闲暇时间较多。高校应当充分利用这些闲暇时间，开展一些健康向上的课外活动，如计算机比赛、古诗词朗诵大赛、校园歌手大赛等，并鼓励和引导学生积极参与活动，使学生在闲暇时间既能放松心情，又能得到各方面的锻炼。

2. 学生管理工作进社团

（1）提高学生社团文化的活动层次

目前，我国在建设学生社团文化的过程中，出现了“三多三少”现象：社团名目多，但具有吸引力的少；娱乐型内容较多，涉及思考及启发型的内容相对较少；校园内部的活动颇多，但真正有创意的活动较少。

造成上述现象的原因主要是学生社团文化活动层次较低，所以高校应当加强校园文化建设，使其符合大学生现阶段的理解和欣赏水平。

（2）加强对学生社团的管理

其一，学生社团应当在法律、校园规范内活动，应当服从学校的各项管理规定。

其二，当学生社团需要邀请校外人员举行相关学术或社会政治活动时，应当经过校方同意。

其三，学生社团内创办的面向校内的刊物，须经学校批准，并接受学校管理。

（3）重视文化活动的长期性与实效性

部分高校只有在一些重要节日时才会举办相关活动，在其他时间举办的活动次数较少。这种只追求轰动效应的行为，是不能在真正意义上使学生从中受益的，且这种行为也符合不当今教育的要求。各高校应当减少或避免这种现象的发生，重视开展校园文化活动的长期性及实效性。

四、高校学生管理的模式创新

（一）大类招生背景下高校学生管理模式的探索

现在很多高校将按大类招生的培养模式用在了本科教育之中，也就是在高考录取时不按照专业分类，而是按大类进行招生，且进校后的学生在经过一段时间的课程学习之后，才按照自己的需求与条件选择专业。这种做法能够让学生的志愿更符合其专业的选择，也能更多地体现出社会需求的趋向。同时，该模式也密切关联着如今高校实行的学分制改革，所以是符合高等教育教学改革趋势的，并且也具有人才培养的灵活性。越来越多的高校开始实行这一模式。

大类招生可以有效地利用学校内部各个学科的优点，突破原有院、系框架限制，并打通相邻专业的基础课程，最终实现多专业的有机组合。而且，大类招生还能使单一的专业转化为复合型专业，从而加强新专业的建设，全面地对学生进行培养，顺应科学技术发展趋势。但也应注意，这种高校经常会采用的学分制及大类招生模式，也给高校学生管理带来了新的挑战和要求。

在当前的高校体制改革下，在高校学生工作评价中导入 ISO9000 标准可以说是高校学生制度规范化与科学化的需求。ISO9000 标准适用于世界的各类组织中，其属于国际标准化组织所颁布的质量管理体系标准。贯彻 ISO9000 标准，就是控制组织的工作过程，以确保组织的产品与服务对象等与管理、技术规范和法律法规等要求相符。

（二）依法治校，实现高校学生管理模式的法治化

1. 高校学生管理模式法治化的必要性和紧迫性

（1）依法治国的重要组成部分

在我国的社会主义民主和法治建设进程中，最为重要的一个环节就是建设社会主义法治国家，即依法治国。要将当前社会的各种关系纳入“法治”的范畴，也就是所谓的实现全面的依法治国，一方面，由“人治单元”来构成的“法治社会”，可以说是不可想象的；另一方面，法治社会也必然存在着对其构成部分的某种客观要求，也就是指法治社会与其构成部分之间存在着互动关系。在依法治国的环境背景影响下，学生与高校之间的关系也发生了变化，

1997 年以来，我国大学全部实行了“并轨”招生制度，这种“并轨”的办学模式使高校和学生的关系逐步向“合同制”转化。这一关系在学生方面表现为自费就学，自主择业；在学校方面表现为收取费用，提供服务。相应地，管理者

的管理活动则转变为依据契约而展开的管理活动。在这种状况下的高校学生管理工作中，学校更多的是作为民事主体。尽管其中也存在着以社会公益目的而展开的公法授权行为，但是，毋庸置疑的是，学校的管理活动必须被纳入“法治”轨道。

高校学生管理模式法治化，可以说是高校基于自身需求而产生的要求。高校不仅是社区、社会生活的重要场所，还是科技、文化的重要辐射源，直接影响着整个社会的法治化建设。作为党和国家重要的治国方针，依法治国及建设社会主义法治国家，除了要求有一个相对完备的法律体系之外，更为重要的是，要求全体公民不仅要具有较强的法律意识，还要具有良好的法律素质。

高校为我国经济和社会的发展培养了一批又一批的高素质人才。这些人才所具有的法律意识和法治观念，直接影响着他们在未来的社会生活中是否能够形成一种符合法律规范要求的行为方式。此外，大学生在社会中的言谈举止，将会产生较大的影响和示范作用。这就要求高校不断提高学生在学习、生活等方面的素质，养成一种遵纪守法的良好习惯。这一举措对全社会的法治化发展有着极为重要的推动作用。

（2）培养创新人才的必然要求

高校的管理环境为创新人才的成长提供了肥沃的土壤。一个公平、有序的法治环境能够使人挖掘自己的创造潜能。有些人认为高校学生管理模式法治化，是给高校加上了一些条条框框，是限制创造性发挥的行为。这无疑是对法治的误解。

在高校中创造出一个公平竞争的环境，可以为创新提供有力的保障，只有这样才能充分保护学生的创新积极性。试想一下，如果努力拼搏致力于创新的学生无法获得回报，以及一些学生以不正当手段取得和另一些学生通过努力奋斗取得的成果一样，都会打击学生的创新积极性。高校可以说是学生踏入社会的第一步，学生在高校内所获得的社会经验，将会对其今后的社会生活有着十分重大的影响。如果高校管理无法在制度上保障学生的权利，使学生在一个不公平的环境中进行竞争，就会对学生的创造力产生负面影响。可见，为使高校培养创新人才的目标得以实现，就必须使高校学生管理模式法治化。

2. 法治的主要内涵和目标

（1）法治的主要内涵

①“法治”不同于“法制”

在意义层次上，“法治”指的是遵纪守法、依法行事的原则，而“法制”指的是在一个特定的领域中形成的一套法律体系，或者说是一套法律的上层建筑体系。法治指的是运用法律和法律制度来进行治理，它是一种功能要求和动态过程的法治，它是一种系统，包括了法制。

②法治是指依法管理

法治化是指以法律为最高权力，而不是“以法管理”，高校管理者不应把法律当作一种简单的方法与工具，否则就会陷入法律工具主义的误区。在某些方面，法治需要公平合理地分配义务、权力、责任等内容。

在法治系统中，权力是一个重要因素。提升权力的权威性，可能会产生以下两方面影响。一方面，权力的权威性会给人民和社会带来利益。构建法治秩序首先需要的就是权力的权威性这一条件。另一方面，权力的权威性会给人民和社会带来危害。这就需要法治对其进行必要的约束。权力需要实现制度化和法律化。

权力的制度化主要包括以下内容。

第一，充分保证权力的权威性。这主要是为实现权力的正当目的提供保障。权力的正当目的主要包括使用权力维护社会秩序与人民安全、为人民的自由和权利提供保障、实现社会发展目标。

第二，建立保证权力分立的制度。将权力集中在某个人或某个机关手中存在两方面的弊病。首先，会导致权力内部的分工不足，权力的效率会随之下降；其次，权力过于集中，会导致权力之间不能相互制约，从而产生任意使用权力的问题。

第三，以权利作为权力的运行界限。18 世纪的法国启蒙思想家孟德斯鸠曾经提出，人们在拥有权力之后会滥用权力，因此需要对权力划分出明确的界限。在实行法治的情况下，要建立起对权力进行约束和制约的机制，使权力制度化。这种设计要以宪法、行政法、诉讼法等确定权力的产生、构成、限制、运行、保障、责任和监督制度。权力的制度化规定权力合法化的唯一途径只能是法律。法律要对官方权力的范围和界限做出明确的规定，从而保证人们行使权力符合正当目的，在制度层面避免权力的误用和滥用。

（2）法治的目的

以法律的方式合理地分配人们的权利与自由，这是法治的宗旨。权利的法治化，就是把人们在社会生活中的权利诉求转变为法律权利。商品经济的高度发展造就了现代社会。在这样的经济环境中，社会关系表现为两个方面：一是物质利益关系，二是平等的交换关系。因此，人们要追求利益和平等的权利，保证实现自身合法权益。现代社会中存在各个方面的利益冲突，不同的人有不同的利益需求。这就需要通过法律途径对这些利益冲突进行调节，通过法律将权利制度化，进而保障人民的权利。

权利的制度化主要体现在两个方面，一是有关权利主体的制度，主要是对权利主体地位做出有关规定，对权利、义务做出具体规定。权利需要有限定范围，行使权利绝对化可能会侵犯他人的权利，因此，法律除了要规定权利外，还需要对义务做出规定，权利主体不仅享有法律规定的权利，也需要承担法律规定的义务。二是有关权利实现的制度，即法治的实际目标是使法律规定的权利转变为实际的权利。

3. 实现高校学生管理模式法治化的有效途径

要想实现高校学生管理模式法治化，首先，需要加快高校学生管理工作法治化进程。在高校学生管理工作中推进法治化能够有效解决高校学生管理制度中的种种问题。长期以来，高校倡导的教育理念是教育道德化。在实际的教育过程中，高校对学生的权利做出了规定和限制，但法律规范不足。在法治的前提下，学生和学校之间的关系是权利和义务的关系。因此，教育关系也属于法律关系，学校需要履行其法律规定的义务，尊重法律赋予学生的合法权益。

其次，高校需要建立正当的管理程序。在实际的高校管理过程中，必要的程序能够促进法治化的实现。

最后，高校需要形成合理的学生管理评价体系和学生权益救济机制，从而保证学生管理法治化的实现。高校要根据法律要求和规范管理学生，尤其是在对待

“问题学生”的问题上，高校要根据事实，使用正当的程序准确定位学生的问题，并对“问题学生”进行积极的引导。尽量让学生学会自我教育，培养学生的责任感；学校还要做好后续的管理和教育工作，关怀学生，建立公平公正的学生管理评价体系为学生的健康发展提供良好的环境。

第三节　高校教师管理

教师是学校组织的核心组成者，是学校的核心利益相关者，也是重要的教育资源之一。教师素质如何直接决定了学校的教学质量如何。教师管理的发展状况决定了学校的发展状况。因此，高校教师管理创新具有重要的意义。

一、高校教师的发展现状与工作特点

（一）高校教师队伍的发展现状

随着国家经济的快速发展，高等教育也迎来了一个飞速发展的时期。在高等教育大众化的过程中，高校教师规模不断扩大，师资队伍建设不断加强，师资队伍的结构逐步完善，教育水平大大提高，整体素质明显提升。师资梯队建设取得重大进展，学科带头人和骨干教师队伍不断壮大。随着高校人事制度改革的深入，高校教师结构进一步优化，积极性增强。教师人数不断增加，师生比例大大提高。教师社会地位和经济待遇的改善，以及生活和工作条件的改善，吸引了更多的优秀人才加入高等学校的教师队伍。高校教师已成为我国知识创新和技术创新的重要力量。

（二）高校教师的工作特点

1. 教学与育人相结合

高等学校的教师是教学、科研的主力军，承担着传授知识、培养技能、发展科学的光荣使命，同时又要承担教书育人，培养学生形成正确的世界观、人生观、价值观的重要职责。教学水平高、育人效果好，将教学与育人紧密结合起来，已

成为一名优秀的高校教师的评价标准。只教学不育人的教师不能适应现代教育的发展要求。教师在提高知识传授能力、知识运用能力的时候，也要提高自身的育人能力，使自己真正成为学生的导师、育人的模范。

2. 复杂劳动和创造劳动相结合

高校教师培养目标的高标准、高层次，教育工作的学术性、探索性，决定了高校教师工作的复杂性和创造性的工作特点。高校教师工作作为一项复杂的劳动，需要渊博的专业知识、丰富的教学经验、独立的研究能力及较高的政治水平。教育对象的文化层次、年龄特征等又增加了教师工作的难度和复杂度。同时，高校教师要在有限的时间内，把丰富的现代科学文化知识加工成学生易于接受的信息，进而转化成学生的智慧和才能，还要培养学生的良好品德及行为习惯。这些都需要通过教师的创造性工作才能实现。

3. 个别劳动和群体劳动相结合

高校教师不实行坐班制，他们一般采取个别活动的方式来工作。无论在教学、科研上，还是在思想政治工作中，教师都有较强的灵活性和独立性。他们的工作时间、地点不受时空的限制，可以在 8 小时之内，也可以在 8 小时之外；可以在课堂上、教室中，也可以在其他场所。这种工作方式可以充分发挥教师的积极性、自觉性、主动性、创造性。

另外，教育也是一种群体的工作、合作的工作。因为培养人是一项系统的综合性的工程，需要学校各部门和人员的配合才能完成，即需要教师的个别劳动与教育工作者的群体劳动相结合、相配合才能完成。单纯强调其中的一个方面而忽视其他方面，是片面的、不和谐的教育。

二、高校教师在学校发展中的地位

（一）教师是学校发展的战略资源

教师在学校发展中具有非常重要的地位，是支撑学校发展甚至是整个教育事业发展的重要资源。或者说，教师是学校发展的第一资源，是学校发展中的最难以替代的生产要素。

所谓战略资源原指在战争之中对全局起到重要影响的资源，现在泛指对某一事物、现象或者组织的总体走向起着重要作用的资源。在知识传授的场所中，传授知识者必然是其战略性资源。因为，在知识传授的场所中，唯有知识的传授者能够持续不断地为其存在和发展提供动力。

在学校组织之中，教师通过参与“教与学”这一学校核心活动，将自身的知识传递给学生，提升学生素质、发展学生能力，为学校组织的存在和发展提供动力，维持学校的运转。从根本上说，学生的发展是学校的立校之本；培养学生是学校存在的首要原因，学生的培养质量是学校的核心竞争力。也就是说，通过“教与学”活动的开展，教师用自己的人力资本为学校的发展持续不断地提供着不可替代的资源。

1. 专业性使教师成为学校发展中不可替代的资源

专业性是指从事某项职业需要满足的一定的专门知识和技能标准。一般来说，专业标准主要包括：从业人员在工作时必须运用专门的知识和技能；从业人员必须经过长期的训练才能够胜任相关工作；工作要为社会发展提供不可缺少的服务并强调服务精神，而非过分强调经济报酬；从业人员在其专业领域具有较大的自主权；从业人员需要有一定的职业道德约束；从业人员需要不断进修才能够保持自身的专业性；从业人员必须获得较高的社会评价。

（1）从事教育工作必须广泛涉猎多方面的知识

从教师职业的准入制度来看，从事教育工作必须运用一定的教育教学知识和技能，并且需要广泛掌握所教授领域的知识。一个未能掌握基本教育教学知识和技能的教师显然不是一个合格的教师。世界各国对教师都有一定的准入制度。其中，教育教学知识和技能是必须考核的项目，而且在教师职业准入制度中，不同层级教师的知识水平和学历水平也是重要的考核内容之一。

（2）教师职业为社会发展提供了不可缺少的服务

教师是培养社会人才的重要职业，为社会输送了大量的优质人力资源。在现代社会中，人力资源已经成为第一资源。教师在社会人力资源开发中扮演了非常重要的角色。人力资源研究者认为，人力资源的开发主要有两大途径：一是科学有效地对现有人力资源进行配置，发挥现有人力资源的最佳效益；二是大力发展教育，通过教育手段不断提高人的受教育水平，提高专业知识和专业技能，以此提高人力资源水平。

从根本上说，社会人力资源的开发取决于教育的水平和质量，而教师作为学校教学活动的主体，通过教育活动为社会提供了培养人才、开发人力资源等不可或缺的服务。事实上，教师职业更多地强调了一种服务精神：服务学生、服务社会。现在所提倡的“以学生为中心”和“生本教育”及大学社会服务职能的衍生都体现了教师职业的服务精神。同样地，一些对教师职业的赞扬之词也表明了教师职业的服务精神，如将教师比喻成蜡烛和春蚕。

（3）教师必须恪守职业道德

教师职业如同其他专业化的职业一样，需要恪守一定的职业道德。教师必须遵守宪法、法律和职业道德，为人师表。教育关系着整个社会发展与国家竞争力的人力资源基础，也关系着中华民族伟大复兴中国梦实现者的培养质量。教育事业的直接责任肩负者是教师。如果教师不能坚守职业道德，教育事业就会陷入困境，社会人力资源开发将失去根本，社会发展和中华民族伟大复兴的中国梦也无从谈起。教师的基本职业道德可以笼统地概括为“忠诚奉献、热爱学生、诲人不倦”。这是教师的基本义务，也是教师的基本职业道德。

教师职业具有较为明显的专业性，基本满足了专业性的几个重要标准。正是由于教师职业的专业性，教师在社会发展和学校发展的生态群落中才具有不可替代的位置，成为学校发展不可替代的资源。

2. 教师有能力监护学校发展并具有相应公共品格

由于教师具有较强的专业素养、较高的文化知识，以及教师处于学校“教与学”核心技术层面等而具有了监护学校发展的能力。不仅如此，教师还具有监护学校发展的公共品格。教师职业的准入制度已经规定了教师必须具有较高的文化知识水平。国内外的研究结果和实践都已表明，文化知识水平同个人能力和参与民主管理的意愿都有着密切联系。通常，文化知识水平越高，个人能力就越强，参与民主管理的意愿也就越强。

（1）教师有能力监护学校发展

①教师对学校发展具有敏感性

教师是学校组织中的重要群体，广泛分布于学校核心工作一线，对学校发展具有敏感性。因为教师处于学校教育工作的一线，所以是对学生的学习和发展情况最有发言权的群体，同样也是对学校发展状况和发展方向最有发言权的群体。他们通常能够及时地了解学生学习、发展及学校发展的最新动向，也能够依据自身的专业知识预测学校发展的战略方向。教师在学校发展监控系统中相当于无处不在的传感器，能够广泛收取来自学校发展各个方面的信息并及时进行传导。一旦学校发展偏离了预定的轨道，最先发现问题的人往往是一线教师。正是因为如此，教师是学校发展的最佳监护群体。

②教师具有分析学校发展信息的能力

大部分教师能够自觉地了解学校外部环境的相关信息，并结合学校发展过程中的信息进行分析。外部信息、学校发展信息和教师文化知识水平相结合使得教师具备了分析学校发展信息的能力，能够较准确地把握学校发展信息的实质性内容。教师能够分析学校当前发展是否偏离了环境需求、学校内在发展需求，以及预定发展规划是否偏离了正确方向，而且能分析出主要原因并寻找解决办法。

（2）教师具有监护学校发展的公共品格

美国著名社会心理学家马斯洛的需求层次理论将人的需求从低到高依次划分为生理需求、安全需求、归属与爱需求、尊重需求和自我实现需求五个层次。生理需求主要包括呼吸、食物、睡眠等基本生存需求；安全需求主要包括健康、财产、人身等需求；归属与爱需求主要包括友情、爱情等需求；尊重需求主要包括自我尊重、被他人尊重及对他人尊重的需求；自我实现需求是最高层次的需求，主要包括道德、创造力、自觉性、问题解决能力、公正度、接受现实的能力等需求。

对于教师而言，需求的五个层次同时存在。但是，教师较高的文化知识水平和专业信仰在很大程度上影响了其需求程度在各个层次的分布状况。相对于其他职业人群而言，教师倾向于更高层次的需求。这是很多教师能够在艰苦的环境中始终坚持从事教育工作的重要原因，也是教师值得敬佩的重要方面。很多时候，教师在低层次的需求尚未得到完全满足的情况下，就会对高层次需求的满足表现出强烈的渴求。所以教师通常将自己和学校的发展联系在一起，认为自己和学校之间是一种共生共荣的关系，而不仅仅是一种雇佣与被雇佣的劳资关系。虽然薪酬会对教师尤其是青年教师的发展和工作积极性产生重要的影响，但大部分教师更关心的仍然是学校的发展及依托学校而发生的“教与学”活动。对于一位教师而言，没有什么比培养出优秀的学生更具优越感和幸福感了，也没有什么比培养出众多优秀的学生更加能够实现自我价值和满足自我实现的需求了。而优秀学生的培养必须依赖于学校的有序运转。因此，教师通常将个人和学校的关系视为一种共生关系，他们关心、监护学校发展的公共品格就顺理成章地形成了。

综合而言，教师对于学校发展来说，既能够持续不断地提供不可替代的资源，又具有对学校发展进行全方位、全过程监护的能力和相应的公共品格。因此，教师是学校发展的战略资源。

（二）教师是学校教育质量的根基

如果将学校教育看成一个服务过程，那么教育质量便可以被看作一种服务质量。学校教育的直接消费者是学生，但是学校教育这项服务的最终消费者却不仅是学生，还包括家长、用人单位、高一级学校、社会、政府等。不同消费者对学校教育的质量标准要求并不完全一致，并且不同消费者之间对学校教育服务的作用及与学校教育服务的紧密程度存在差异。

学校教育这项服务既不能按照完全统一的标准选择学生，又不能把学生改造成预先设计好的统一标准的“成品”。所以，教育质量最大的可控制环节便是教育服务的过程。

从技术层面讲，教育服务过程这个可控环节实际上主要是“教与学”活动的过程。而“教与学”的活动恰恰是一个复杂而又专业的过程，加之教育标准的多元化，就使得教育服务过程这个看起来可控的环节也变得不怎么可控。“教与学”的复杂性和教育目标的多元化使得教育服务过程只有其核心主体的学生和教师能够直接感知。学生由于其心智尚未成熟或者尚未完全成熟而在对教育服务过程的理性感知和需求诉求表达方面大打折扣。

所以，教育服务过程实际上在很大程度上被掌握在“教与学”的另一个核心主体——教师之手。教师一方面是直接、具体的教育服务提供者和服务“原材料”（学生）的加工塑造者；另一方面，还具有教师职业的专业性和教师的教学自主权。教师对教育质量的理解、教师的价值观、教师的教学态度都在很大程度上影响着教育质量。

在学校教育过程中，学生毕竟不同于工业生产中的原材料，他们是有思想、有意识活生生的人。在“教与学”的过程中，学生具有能动性和自主选择性。所以，这个过程是一个双向互动的过程。一旦教师获得了学生的认可，教师的价值观便会对学生产生长远而深刻的影响。有时，教师在“教与学”活动中的一句话可能会影响学生的一生。并且，在“教与学”活动中，教师还扮演着管理者的角色。一名教师对课堂的把握和管理也会对教育服务的整体质量产生较大影响。比如，教师对课堂的管理方式、方法如果较科学，则整个班级的学习成绩就会偏高；而教师对课堂教学资源的分配则会对学生享受教育服务的公平性产生重要影响。

无论如何，教育质量的高低更多地取决于教师的整体素质、价值观和行动。所以，教师是学校教育质量的根基。教育质量最重要的影响因素是教师素质、工作态度、教师发展及教师资源配置。其中，教师发展是根本性的影响因素。

三、高校教师管理制度与教师发展

（一）教师薪酬制度与教师发展

1. 相关概念

（1）教师薪酬

所谓教师薪酬是指教师因为工作劳动而获得的以工资、奖金及实物形式支付的劳动回报，有时也被称作教师劳动报酬。它是国家或者学校基于教师的劳动而给予教师个体的一种经济性酬劳，其设计和管理与教师劳动的特点密切相关。

（2）教师薪酬管理

教师薪酬管理的概念有广义和狭义之分。广义的教师薪酬管理指的是教师人力资源管理的一项重要职能，涉及教师的工资、奖金、津贴、福利、服务等经济性劳动报酬分配的各个方面，包括教师薪酬水平、教师薪酬体系、教师薪酬结构、教师薪酬形式等内容，还包括教师薪酬计划的拟订、薪酬管理政策的编制等整个教师薪酬管理过程。狭义的教师薪酬管理则是指教师薪酬制度建立后的操作实施，包括教师薪酬分配的计划、组织、协调、沟通、评价等实际管理和控制工作。

2. 教师薪酬的表现形式

教师薪酬存在着多种表现形式，通常包括工资、奖金、津贴和福利等基本形式。不同形式的薪酬代表着不同的管理理念，不同形式的薪酬在总体薪酬中所占的比例隐含着特定的教师管理价值取向。它们对教师个体的工作行为会产生不同的影响。

（1）工资

工资是教师薪酬中的主要组成部分，是指国家或者学校对教师所承担的工作定期支付固定数额的基本金钱形式的报酬。工资通常对其他可变薪酬的设定有着重要的影响。工资是教师薪酬中最容易被接受的部分，因为对于教师个体而言，工资是薪酬中最稳定的部分，能够给教师的物质生活带来最稳定的保障；对于学校而言，工资是最容易计算和进行成本控制的教师薪酬部分。虽然教师薪酬的工资形式是许多教师和学校管理者乐于接受的形式，但是仅以工资作为教师薪酬的做法也受到了各方的批评，并且工资通常与教师的努力程度、劳动成果没有直接的关系，很难对教师的工作起到激励作用。

（2）奖金

奖金属于可变薪酬的范畴，具有很强的激励性。教师薪酬中的奖金是指对教师工作中的超额劳动或者高于平均劳动质量的部分给予一定的金钱形式的奖励。奖金与教师的工作绩效直接相关。当教师的工作绩效发生变化时，奖金的数量就会发生变化。因此，奖金是教师薪酬中一种典型的按劳分配形式。由于奖金具有灵活性、及时性及荣誉性，因此奖金形式的教师薪酬可以在很大程度上激发教师的工作热情，促进教师积极主动发展自我。

（3）津贴

津贴也是当前许多国家教师薪酬的一种重要形式，具有调节教师工作地域、条件和激励教师工作的作用。它主要是指补偿教师在特殊工作条件下的劳动消耗及生活费额外支出的教师薪酬补充形式。当前，我国教师薪酬中的津贴常见的有区域津贴、生活津贴、职务津贴及职称津贴。区域津贴通常是指发放给那些艰苦地区、边远地区及欠发达地区职教人员的津贴，旨在鼓励教师到上述地区从事教育工作。生活津贴主要是为了补偿教师某些额外的生活费用支出而设立的津贴，比较常见的是寒暑津贴和物价补贴。职务津贴和职称津贴通常是对担任相应职务、职称的教师，因现工资低于职务、职称最佳等级而给予的补贴。

（4）福利

福利也被称为“边缘薪酬”，是为了维护教职员工的身心健康和生活安定而在工资之外给予的各种补助和优惠，属于学校组织整体性报酬中的“免费赠送”部分。它可以是金钱形式的也可以是物质形式的，还可以是其他形式的。比如，保险性福利、抚恤性福利、教育培训的福利及带薪休假的福利等。教师具有带薪休寒暑假的权利。还有一些学校给教师提供午餐费、交通补助、建立免费或者半收费的托儿所和俱乐部等。这些都属于福利的范畴。

3. 教师薪酬设计的理论依据与原则

（1）教师薪酬设计的理论依据

1890 年，英国经济学家阿尔弗雷德·马歇尔在他的《经济学原理》一书中最早提出了供求均衡薪酬理论。该理论认为，劳动力的供给和需求之间的关系决定了工资水平和各职业、行业及厂商的雇佣人数；劳动的边际生产率决定了劳动力的需求价格，劳动者的生活费用决定了劳动力的供给价格；工资的均衡水平就是劳动力供给价格曲线和需求价格曲线的交点。供求均衡薪酬理论可以用于确定教师薪酬中的工资部分。

效率工资理论通常将较高的工资解释为组织激励员工的办法。其基本观点是“支付高于市场工资率或者平均工资有助于激发员工的工作热情，从而使组织实现更高的效率”[①]。效率工资理论认为实行效率工资一方面能够激励员工更加努力地提高工作水平和工作业绩，另一方面能够起到分选作用，吸引更加优秀的员工。类似于我国古代“千金买马骨”的做法。效率工资理论可以在一定程度上用于确定教师薪酬中的奖金和福利部分。

① 牟粼琳：《中国最低工资标准的构建机制及影响研究》，华中科技大学出版社 2016 年版。

补偿性工资理论最初是由英国经济学家亚当·斯密提出的。亚当·斯密认为，在做出工作决策之前，人们应该对该职位的有利因素和不利因素进行全面的考虑，然后选择出“净收益”最大的职位。基于这种认识，亚当·斯密提出在工资以外，公司应给予从业人员一些净收益性质的补偿。例如，应该基于工作的舒适程度、学习工作技能的难度和费用、责任、成功可能性等给予相应的收入补偿。换言之，如果工作舒适程度低、学习工作技能的难度和费用高、工作的责任大、保障程度低、失败的风险大，公司则应当给予从业人员一定的补偿。教师职业明显具有难度大、费用高、工作责任性要求高等特点。补偿性工资理论可以用于确定教师薪酬中的津贴部分。

公平工资理论的代表人物是霍曼斯。他认为，分配报酬的比例应依循三个方面的情况加以确定，以促成工资的公平发放。

①一个人在某个活动领域中以一种获取报酬的方式从一个团体中获得的价值，应与他在另一个领域中对该团体贡献的价值成正比。

②某群体成员从其他成员那里获得的报酬价值应与其投资成正比。

③某群体成员获得的报酬应与其下属所没有的领导代价成本成正比。

公平工资理论对各种形式的教师薪酬设计都具有一定的指导作用。

（2）教师薪酬设计的原则

教师薪酬设计应当遵循公平原则、竞争原则和经济原则等几项基本的原则。只有上述几项原则在教师薪酬体系中得到了充分体现，才能够真正地激励教师发展，最终促进学校发展。

①教师薪酬设计应当遵循公平原则

公平原则是教师薪酬设计需要遵循的首要原则。它要求教师薪酬设计体现内部和外部两个一致性。所谓教师薪酬的内部一致性是指教师的薪酬在本行业中相同的付出要得到大致均等的回报。所谓教师薪酬的外部一致性是指教师同外部其他行业在劳动能力要求和劳动付出大致相当的情况下，其薪酬应当大致相当。教师“经济人”的一面驱使其必然在薪酬方面考虑投入和产出的比率来确认劳动的公平感。无论是教师薪酬内部不一致还是外部不一致都有可能导致教师降低其对薪酬的认同感和公平感。无论何种行业，一旦员工对于薪酬的认同感和公平感缺失，就有可能影响到工作热情和对本职业的归属感，降低工作积极性。因此，在设计教师薪酬时应当了解教师行业和本地区其他行业的薪酬水平，确保教师薪酬的总体水平不低于本地区薪酬水平的平均水平，并且按照供求均衡薪酬理论，教师薪酬的总体水平设计还需要考虑市场供求关系。一旦大量优秀教师流失将会严重影响到学校的教育质量，影响学校甚至整个教育事业的发展。学校内部教师工资的不一致同样会削弱教师对薪酬的公平感，从而影响教师的工作积极性，最终影响学校的长远发展。

总之，教师薪酬设计的公平原则要求体现教师薪酬的内外部公平性，使薪酬的分配公平和程序公平得以实现。

②教师薪酬设计应当遵循竞争原则

学校要想留住优秀的教师和激励教师发展就必须在设计薪酬时考虑引入竞争机制，而不是考虑平均主义。教师薪酬设计的竞争原则实际上是其公平原则的延伸。公平不仅指横向的基本公平，还指纵向的效率公平。绝对的平均并不等于公平。

竞争原则旨在刺激教师努力提升工作能力和工作绩效。竞争原则中的部分内容属于内部公平的延伸。在一个学校内部，如果教师的薪酬都处于平均水平，那么所有的教师都将安于现状，按部就班地进行工作。如此一来，学校仅能保持基本的运转，对于学校的发展和教育质量的提高而言不能起到正向的激励作用。

竞争原则中还有一部分内容属于外部公平的延伸。效率工资理论认为支付高于市场平均水平的薪酬有利于激发员工的工作积极性。一个教育质量在同行业保持领先的学校，可能会将内部的薪酬水平定位在市场的较高水平。这样该学校在寻求优秀教师时，较高的薪酬水平容易吸引到优秀教师，从而保持或者进一步加大其对优秀教师的吸引力。

③教师薪酬设计应当遵循经济原则

所谓经济原则是指用尽可能少的支出达到目的的原则。学校在提高教师的薪酬水平以吸引优秀教师的同时，必然也会给学校带来更多的成本支出。教师薪酬水平的提高也符合边际收益递减规律，即当教师的薪酬标准达到一定的水平之后，增加的薪酬对教师工作绩效、教师发展及学校发展的贡献程度会呈现递减的趋势。

因此，应当将教师薪酬水平控制在合理的区间之内，而非越高越好。教师薪酬设计应当考虑到薪酬的投入产出效益，即对教师投入工作和发展的激励作用。教师薪酬水平的最佳状态是教师薪酬的边际收益等于边际成本的状态。这种最优状态在教师薪酬设计的实践中很难达到。在现实中，学校只要确保以较低的成本保持教师薪酬在人才市场的竞争力和教师较高的薪酬满意度即可。

4. 教师薪酬对教师管理和教师发展的作用

（1）教师薪酬对教师发展的保障作用

从本质上讲，教师薪酬是将教师的劳动作为生产要素的价格形式，是提供劳动力生产要素的教师与其消费者在市场上达成的供求契约中，消费者由于使用了教师的劳动力生产要素对教师的劳动付出进行的一种补偿。

对于教师而言，获得的薪酬为他们提供了维持自身基本物质生活需求的基础，同时也为他们提供了学习提高、养育子女、赡养老人等方面的基本物质保障，补偿了他们在工作中所消耗的脑力与体力付出，从而使他们能够继续和更积极地投入工作中去。

根据马斯洛的需求层次理论，人只有在基本的生理需求得到满足的前提下才有可能追求上一层次的需求。教师群体虽然特殊，但作为生活在现实社会中的活生生的人，同样具有养育子女、赡养老人等基本社会义务，同样需要生存。因此，教师群体同样需要在基本物质需求得到满足的前提下，才能够具有更多的时间、精力追求高层次的需求。而且，在劳动分工程度较高的现代社会，薪酬还是教师追求更高层次需求的基本条件。

（2）教师薪酬对教师管理和发展的信号作用

教师薪酬的形式、结构、水平等实际上也属于表示一定含义的信号。这些信号隐含了教师管理的理念，能够对教师管理和发展起到一定的作用。

①教师薪酬对教师管理和发展具有表征作用

一方面，教师薪酬总体水平的信号反映了社会对于教育行业和教师职业的价值认可度，教师薪酬总体水平越高，就表示社会对教育行业及教师职业的价值认可度越高，教师社会地位也就越高；另一方面，在教育行业内部，某个教师的薪酬水平也反映了教师个体在行业内部的价值认可度和层次。

②教师薪酬对教师管理和发展具有引导作用

教师薪酬具有的表征作用顺理成章地促成了其引导作用的生成。

一方面，从宏观角度讲，教师薪酬所表征的社会地位和社会价值认可度可以引导社会劳动力在教育行业和其他行业之间的流动。如果教师薪酬所表征的社会地位和社会价值认可度高于社会平均水平就能够引导其他行业的优秀人才转到教育行业，从事教师工作。

另一方面，从微观角度讲，教师薪酬在教育行业内部的水平所表征的教师个体在行业内的价值认可度和层次，以及教师薪酬结构所隐含的管理理念共同为教师指明努力和发展的方向。比如，如果一所学校非常重视科研，那么该学校可能会在教师薪酬结构上体现出对科研的高度奖励。如此，教师便会努力提高科研能力。如果一所学校非常重视教育质量的提高，该学校则可能会在薪酬结构上体现为对教学质量的奖励比重较大。如此，教师便会努力提高教育教学技能，以提高教育质量。

（3）教师薪酬对教师发展的激励作用

薪酬不仅对教师具有稳定和保障作用，还对教师工作积极性的发挥具有激励作用。激励作用是教师薪酬的重要作用之一。因为激励本身就是管理的一种重要手段和方式。当教师薪酬设计中引入了竞争性要素时，薪酬对教师发展的激励作用将变得更加明显。因为在引入了竞争性要素之后，薪酬不仅是一种经济刺激，还表征了教师自我成就和自我发展的实现程度。对于教师群体而言，自我成就和自我发展的刺激对工作的激励作用丝毫不弱于经济刺激。因此，需求层次理论的提出者马斯洛也曾明确提倡学校组织应该提供能够满足教师最高层次需求的条件。因为追求自我实现的学生、教师、管理者是最好的实践者。教师对自我成就和自我发展的追求永无止境。这意味着它们可以持久地激励教师不断发展自我。

（二）教师人事管理制度与教师发展

教师人事管理是教师管理的重要内容。良好的教师人事管理制度和文化对教师发展起着正向的推动作用，而不合时宜的教师人事管理制度则会阻碍教师发展。

1. 教师的聘任制度

（1）教师的任用资格

教育质量的高低在很大程度上取决于教师素质的高低。因此，许多国家都通过法律法规等形式明确规定了教师的任职资格以保证教师的质量。如我国的《中华人民共和国教师法》、日本的《教员许可法》等都是以法律形式明确规定了教师的任职资格。在德国，中小学的正规教师必须接受综合大学的培训；学生必须完成大学的第二年基础课程，分数达标并完成师范培训课程后，才有资格申请教师许可证。在英国，大学毕业生要想获得教师资格证，必须再接受 1 年的教育教学培训。

（2）教师的任用方式

不同国家和同一国家的不同历史阶段对教师的任用方式由于教育发展水平和教育行政体制的差异而有所不同。我国在对教育事业实行集中统一教育行政体制的时期曾采取过由上级教育行政部门和组织人事部门按照计划向学校委派教师的派任制。改革开放之后，派任制的教师任用方式逐渐被淘汰，转而被聘任制的教师任用方式所代替。

（3）教师的任用流程

教师的任用流程由于学校的层级不同而存在一定的区别。我国的高等学校教师的任用流程与其他学校教师的任用流程具有较大差别。相对而言，高等学校由于其教师专业性更强而在教师的任用方面具有更大的自主权。

当前我国教师的任用通常采取公开招聘的形式。高等学校教师的任用通常只需要各院系用人单位向学校申报用人计划，经学校同意后由学校人事处向社会公开发布招聘计划和条件，应聘者报名后由院系进行资格初审，组织面试，待面试者通过体检和其他考核后，学校人事处和应聘者签订聘用合同，并报省教育厅等相关教育行政部门备案即可。

2. 教师的培训制度

参加培训既是教师的一项基本权利又是教师的一项基本义务，是教师人事管理的一项重要内容。教师的考核是指学校和其他教育机构根据国家制定的教师职务任职条件和职责，运用定性和定量相结合的方法对教师的工作进行定期或者不定期的考察与评价。这也是教师人事管理的一项重要内容。

教师的培训包括脱产培训和在职培训两种，此处主要是指在职培训。所谓教师的在职培训是指对已经在岗的教师在不脱离岗位工作的条件下进行有组织、有计划的再培养，其要旨在于满足在职教师的自身发展需要，提高教师的专业知识和技能及端正其教学态度。

比较常见的教师培训形式有讲授式培训、自学式培训、参观考察式培训、专题研究式培训、集体讨论式培训等。各种教师培训的形式涉及的内容十分丰富，以实际需要为导向，归纳起来大致包括教师教学、班级管理、师德教育、考试与考试评价、教学技能等方面的内容。

教师的培训需求来自内外两个方面。一方面，社会发展、教育事业的发展及教育工作本身对教师提出不断提升工作能力的要求。它通常表现为培训部门对教师提出的培训要求。这种教育培训需求可以称为外部培训需求。另一方面，教师面对外部环境的变化会有一种提升自己以实现自我和发展自我的渴求，从而形成一种提升自身教育教学能力的内驱力。它通常表现为教师自己提出接受培训的要求。这种培训需求可以称为内部培训需求。

3. 教师人事管理制度对教师发展的作用

无论是教师的任用、教师的培训，还是教师的考核，都对教师发展乃至整个教育事业发展具有重要的意义和作用。教师人事管理制度对教师发展的正向作用主要表现在保持和提高教师的专业化程度、监督和促进教师自我发展、维持教师发展秩序三个方面。

（1）保持和提高教师的专业化程度

教师的专业化程度较低的问题一直是教师教育所要解决的重大问题。因此，提升教师的专业化程度是教师发展的重要内容和目标。

教师培训可以在很大程度上提升教师的专业化程度。教师专业化主要是指教师能够掌握其所教学科的专门知识和技能体系、系统的教育教学知识和技能；树立高尚的职业道德观；具有自我学习和自我提升的意识和能力等。教师专业化是一个发展的概念，是一个植根于特定社会发展阶段的概念。教师专业化往往随着社会的发展、科学技术的发展而不断提高其基本标准。也就是说，当前既定的学科专业知识和技能、教育教学知识和技能、职业道德、自我学习和自我提升的意识和能力等水平在不同时期会有不同的要求。那么，如何才能保持和提升教师的专业化程度？唯有通过不间断的教师培训和教师的自我学习，才能不断更新教师专业化的各个构成要素，才能保持同社会和科学技术发展同步的知识、技能、能力、职业道德，才能保持和提升教师的专业化程度。

（2）监督和促进教师自我发展

教师发展的需求来自内外两个方面，但最终需要通过教师的实际行动才能得以实现。教师虽有实现自我发展的内在需求，但并非每个人都能够自觉地付诸行动。因此，完全依靠自觉的教师自我发展是不现实也是不客观的，还需要外部的制约和监督机制发挥作用，内外齐动，双管齐下。其中，教师薪酬、教师考核制度及日常管理安排都能够对教师自我发展起到较大的外部刺激、引导和监督作用。

世界各国对教师的考核内容及考核方式各有不同，但基本都会将考核结果和教师的聘用、晋级、晋职、评优、薪酬等联系起来。教师如果不能持续不断自我学习和自我提高，其考核结果必然不理想，那么随之而来的晋级、晋职、评优、薪酬都会受到很大影响，甚至在某些情况下，教师会被解聘。在通常情况下，如果教师在工作中由于个人工作能力不足或者工作态度差等原因导致工作出现差错，由学校或者政府其他部门给予其一定的惩罚，对于违反法律者，还将追究其法律责任。因此，教师管理对教师过错、过失的惩罚制度会对教师形成一种潜在的威慑力，促使教师不断自我发展。

实际上，教师管理制度既对教师的自我发展提供了一种激励，又提供了一种可能的惩罚。相关心理学研究表明，激励会通过教师自我发展行为提供一种强化刺激，从而增强教师的自我发展行为；而惩罚则会通过教师自我发展的懈怠行为产生一定的抑制作用，从而减少教师自我发展的懈怠行为。

总之，学校组织的管理制度能通过激励和惩罚来强化和抑制教师某种行为，从而达到监督和促进教师自我发展的目的。

（3）维持教师发展秩序

教师发展不仅是教师个体的发展，还包括教师的团队发展和相互发展。教师发展行为也不仅是教师的个人行为，还包括教师的团体行为。只有教师团体发展了，教育质量才能够真正得以提高。而要想实现教师的团体发展和相互发展就必须形成一种良好的教师发展秩序。教师发展秩序的形成可以依靠教师个体的自觉，更重要的是要形成良好的、规范的教师管理制度。没有秩序的教师发展注定是混乱和失败的。

管理具有一定的权威性和强制性。通过良好的、规范的教师管理制度，教育行政部门和学校能够形成有重点的、分层次的和有针对性的教师发展计划，科学合理地配置教师资源，促进教师的团队发展和相互发展。无论是整个国家还是一所具体的学校，其有利于教师发展的资源都是有限的和相对稀缺的，因此不可能也不应该让所有的教师按照统一标准以“齐步走”的形式发展。

第四节 高校行政管理

一、新时期高校行政管理工作模式存在的问题

（一）行政管理观念滞后

很长一段时间以来，高校行政管理部门都掌握着学校综合事务管理的权力，所以在对待行政管理客体的时候，往往会把它摆在被管理者的地位上，未对行政管理要求为学校、教师及学生提供服务的重要意义有足够的了解，这就使得管理人员在开展工作的时候，积极性不高，忽略了行政管理工作服务育人的本意，这给高校行政管理工作的顺利推进带来了很大的阻碍，对高校的健康发展产生了很大的影响。

（二）行政管理工作效率不高

在现代高校行政管理工作中，互联网得到了广泛应用，这归功于网络通信技术的不断进步。网络传输工具的使用使高校行政指令传递速度大大加快，比起传统的信息传输方式，效率得到了明显提升，进而促进了行政管理工作的高效运作。但是，迄今为止，部分高校的行政管理工作仍未充分地利用新技术、新工具，无

法最大限度地发挥网络信息工作的快捷高效的优势。这一点反映在高校行政管理工作上，首先，尽管微信、QQ等网络通信工具已用于传达行政指令，但这些指令仍需经过逐级传递，效率不高。由于基层反馈得不到及时响应，会浪费很多时间。其次，高校行政管理工作缺乏全面的反馈信息的指标体系，导致需要面向所有师生执行许多工作。目前，高校的行政管理普遍存在一个难题，就是在收集和分析反馈信息方面过于依赖人工管理模式。随着管理工作的复杂化和反馈信息的不断增加，传统的人工管理模式的局限性越来越突出，这已经成为高校行政管理优化所面临的重大挑战。

（三）行政管理工作存在“信息孤岛”

现今，高校行政管理工作变得越来越复杂，随之而来的是管理部门的进一步细分。特定的行政管理任务分配给了不同的部门，这些部门必须遵循规定的标准进行管理工作。由于职能部门的特点和信息化建设水平的不同，高校行政管理的协调变得越来越具有挑战性。信息化环境下，各职能部门采用不同的操作系统和数据标准，给行政管理系统的运营带来了严重的不利影响。高校行政管理中各部门使用不同的信息系统会导致工作交流和信息交互受到影响，从而影响行政工作的效率。此外，由于信息系统模块存在差异性，不同的行政管理工作相对独立，彼此交互的程度较低，导致高校行政管理中普遍存在“信息孤岛”现象。这种现象会因为数据信息整合程度不高而对系统的优化产生不利影响。

（四）绩效评价机制不健全

高校管理的主要责任落在行政管理人员身上，这些管理人员的工作绩效评价直接影响着他们的工作质量和效率，以及积极性的发挥。目前，高校通常通过年度考核来评估行政管理人员的工作表现，评估内容以工作人员所提交的述职报告为主，其中包括本年度全面完成的工作任务以及工作勤奋程度和工作表现等。这种评估方法容易受主观因素的影响而缺乏科学性，导致评估的不平等、不客观，甚至会让人错误地认为，写得好比做得好更有价值，从而削弱实干人员的工作热情。此外，许多高校在对行政管理人员的工作进行考核时，并没有设置专门的考核小组，而是在每年年底临时组建绩效评定团队。考核团队缺乏专业稳定性，导致无法实施有效的绩效评估，直接影响了绩效评估结果的公正性、全面性和客观性。

二、新时期高校行政管理工作模式创新路径

（一）转变管理观念，更新行政管理目标定位

随着新时代的到来，高等教育改革不断深入，高校扩招等现实问题也随之而来，这些因素都对高校行政管理工作提出了更高的要求，而滞后的管理理念已经给高校的正常运作带来了负面影响。这说明，高校行政管理工作亟须改变管理理念。高校行政管理部门应认真履行职责，积极执行各项具体的管理服务工作。可以应用精益管理理念，促使管理人员实现精细化管理工作的改进。在行政管理工作中，管理人员应不断更新管理观念，采用精准、科学的方法进行管理，不再依赖于传统的经验和被动式的管理模式。这可以激发工作热情，优化和调整管理方式，创新和完善管理机制。为了向学校和师生提供优质的行政管理服务，我们需要在整体把控和宏观指引的基础上遵循基本原则并充分发挥各部门的管理职能。此外，高校行政管理工作还需要按照精细化管理理念进行调整，并随时更新行政管理目标，以明确目标并协助实现精细化管理工作。在高校的行政管理工作中，我们可以以培养学生核心素养为总体目标，结合高校的实际情况，把行政管理工作拆分成可量化的具体任务，以指导管理工作有针对性地开展并取得更好的效果。为了实现行政管理的目标，需要确立明确的管理目标并不断改善行政事务管理体系，以提供可靠的体系支持来保障管理工作的顺利开展。其次，需要制定规范化的流程和制度，明确各项目标的定位，为行政管理工作提供最佳实现路径，以确保其规范、有效，并保持其服务本质。最后，我们应该强化对行政工作目标的考核和反馈机制，建立一个更加详细的考评体系，以更有效地管理行政工作人员。

（二）优化技术应用，提高行政管理工作效率

当今时代，高校行政管理工作迎来了网络信息技术更广阔的发展空间，为高

校行政管理工作提供了可靠的技术支持，并有效地提高了工作效率。因此，高校行政管理工作人员要精通并运用最先进的技术和工具，以满足行政管理工作的各项需求。首先，充分运用新媒体技术，改进行政管理工作方式。高校行政管理部门可以利用新媒体的传播能力和覆盖能力，应用扁平化的工作模式简化流程，在信息传递上采用直接的指令方式，代替烦琐的层层传递，以提升信息传递效率和行政管理效能。此外，高校行政管理部门可以利用微博、微信等官方账号，向全校师生发布指示和公告，省去了中间环节，有效地提高了管理效率。同时，高效利用新媒体的互动性，可以及时收集反馈信息，增进管理部门和师生之间的沟通，加强管理工作的执行力。其次，可以利用大数据技术来处理信息。在高校行政管理工作中，应用新媒体技术可以留存和记录各项反馈信息。然而，仅依靠人工处理大量信息是不现实的。高等院校应该考虑引入大数据技术，以全面收集新媒体平台上的反馈信息，并进行快速、准确、完整的分析处理。这些信息可以用于优化和改进高校的行政管理工作，提高管理效率，更好地满足现代高校管理的需求。

（三）建立统一信息管理体系，加强数据传递与整合

当今时代，高校应建立统一的信息管理体系，并以该体系为支撑，实现对各类工作项目的集中规划和管控。除此之外，高校还需要建立一套数据标准体系和畅通的沟通渠道，以便各职能部门之间进行数据传递和信息交流。同时，为了集中收集和传递数据信息，需要进一步优化高校行政管理和信息管理工作流程。在大学行政管理信息系统中，可以建立业务数据模型来统一各项业务数据的标准化，同时通过优化行政管理工作流程，实现数据集中处理和分析，以此提高工作效率。高校可以统一制定经费管理和数据标准等相关指标，以协助各职能部门打造更加高效的工作模式，避免产生“信息孤岛”问题，提升高校行政管理工作的质量。

（四）建立健全绩效评价机制，激发行政人员的工作热情

在当今的时代背景下，建立和完善高校行政管理工作的绩效评估机制，是推动行政管理工作方式创新的关键。为了评估高校行政管理工作的效果，首先，需要建立一个完整的绩效考核流程，其中包括绩效考核计划、绩效考核实施、绩效

反馈及绩效监控等环节。其次，需要建立全面的绩效评价指标体系。建立一个全面的绩效考核指标框架，基于年度考核，对高等院校的行政管理业务进行全年绩效评估。制定部门层面的绩效考核指标，在对行政职能部门的各项数据进行综合分析的同时，联合财务和其他相关部门进行年度和季度考核，并及时反馈各部门的考核结果。建立一个以月度考核为主的职务层次绩效评估制度，用于综合评估员工的业务完成情况、工作表现等方面的内容。被考核员工须在评分表上签字确认得分，并由主管负责人进行审核。最后，强化考核成果运用，根据考核结果采取相应的奖惩措施，以激发行政管理人员的工作积极性，以不断提升行政管理工作效率。

第四章 “互联网 +”时代高校教育管理模式改革

第一节 “互联网 +”时代对高校教育管理模式的影响

一、互联网的相关概念

早在 20 世纪末，移动通信的迅速发展就大有取代固定通信之势。与此同时，互联网技术的完善和进步将信息时代不断往纵深推进，移动互联网就是在这样的背景下孕育、产生并发展起来的。移动互联网通过无线接入设备访问互联网，能够实现移动终端之间的数据交换，是计算机领域，继大型机、小型机、个人电脑、桌面互联网之后的第五个技术发展周期。作为移动通信与传统互联网技术的有机融合体，移动互联网被视为未来网络发展的核心和最重要的趋势之一。

（一）移动互联网的定义

尽管移动互联网是目前 IT 领域最热门的概念之一，然而业界并未就其定义达成共识。这里介绍几种有代表性的移动互联网的定义。

百度百科中指出：移动互联网（简称 MI）是一种通过智能移动终端，采用移动无线通信方式获取业务和服务的新兴业态，包含终端、软件和应用三个层面。终端层包括智能手机、平板电脑、电子书等；软件层包括操作系统、中间件、数据库和安全软件等。应用层包括休闲娱乐类、工具媒体类、商务财经类等不同应用与服务。

独立电信研究机构 WAP 论坛认为：移动互联网是使用手机、PDA（即掌上电脑，下同）或其他手持终端通过各种无线网络进行数据交换。中兴通讯则从通信设备制造商的角度给出了定义：狭义的移动互联网是指用户能够使用手机、PDA，或其他手持终端通过无线通信网络接入互联网；广义的定义是指用户能够使用手机、PDA或其他手持终端以无线的方式通过各种网络（WLAN、BWLL、GSM、CDMA等）来接入互联网。可以看到，对于通信设备制造商来说，网络是其看待移动互联网的主要切入点。

MBA智库认为移动互联网的定义有广义和狭义之分。广义的移动互联网是指用户可以使用手机、笔记本等移动终端通过协议接入互联网，狭义的移动互联网则是指用户使用手机终端通过无线通信的方式访问采用WAP的网站。

中国工业和信息化部电信研究院在2011年的《移动互联网白皮书》中给出的是：“移动互联网是以移动网络作为接入网络的互联网及服务，包括三个要素：移动终端、移动网络和应用服务。”该定义将移动互联网涉及的内容主要概括为三个层面，分别是：移动终端，包括手机、专用移动互联网终端和数据卡方式的便携电脑；移动通信网络接入，包括2G、3G、4G、5G等；公众互联网服务，包括Web、WAP方式。移动终端是移动互联网的前提，移动网络是移动互联网的基础，而应用服务则成为移动互联网的核心。

上述定义给出了移动互联网两方面的含义：一方面，移动互联网是移动通信网络与互联网的融合，用户以移动终端接入无线移动通信网络（2G、3G、4G、5G网络、WLAN等）的方式访问互联网；另一方面，移动互联网还产生了大量新型的应用，这些应用与终端的可移动、可定位和随身携带等特性相结合，为用户提供个性化的与位置相关的服务。

综合以上观点，我们也提出一个参考性定义：移动互联网是指以各种类型的移动终端作为接入设备，使用各种移动网络作为接入网络，从而实现包括传统移动通信、传统互联网及其各种融合创新服务的新型业务模式。

移动互联网的基本特点包括以下方面：第一，终端移动性。通过移动终端接入移动互联网的用户一般都处于移动之中。第二，业务及时性。用户使用移动互联网能够随时随地获取自身或其他终端的信息，及时获取所需的服务和数据。第三，服务便利性。由于移动终端的限制，移动互联网服务要求操作简便、响应时间短。第四，业务终端网络的强关联性。实现移动互联网服务，需要同时具备移动终端、接入网络和运营商提供的业务三个基本条件。

（二）移动互联网的功能特性

移动互联网相比于传统固定互联网的优势在于：①实现了随时随地的通信和服务获取。②具有安全、可靠的认证机制。③能够及时获取用户及终端信息，业务端到端流程可控等。

劣势主要包括：①无线频谱资源的稀缺性。②用户数据安全和隐私性。③移动终端硬软件缺乏统一标准，业务互通性差等。

移动互联网业务是多种传统业务的综合体，而不是简单的互联网业务的延伸，因而产生了创新性的产品和商业模式：一是创新的技术与产品，如通过手机摄像头扫描商品条码并进行比价搜索、通过重力感应器和陀螺仪确定目前的方向和位置等，内嵌在手机中的各种传感器能够帮助开发商开发出各种超越原有用户体验的产品。二是创新的商业模式，如风靡全球的 App Store 终端营销的商业模式以及将传统的位置服务与社会性网络服务、游戏、广告等元素结合起来的应用系统等。

二、对高校环境的影响

对于教育管理，一方面，互联网的普及和发展为高校教育管理工作提供了很好的发展创新的机遇；另一方面，互联网的普及和发展也带来了一些新的问题，对教育管理工作形成了极大的冲击和挑战。在这种形势下，系统分析互联网所带来的机遇和挑战，探讨应用互联网开展教育管理工作，具有鲜明的现实和理论意义。

（一）互联网为高校教育管理工作创造了新的机遇

目前，我国高等教育存在的诸如高等教育大众化、个性化、终身化、实用化等问题，都有望借助网络的普及得以改变。具体地说，这些问题解决的可能性主要体现在以下方面：第一，网络将激发学生学习兴趣和好奇心，增强学习主动性从而促使学生“自学、自教、自用”的能力得到较大提高；同时也可以帮助教师及时更新教学内容，提高教学水平，改进教学方法。这样，很好地体现了“教与学”的有效性。第二，网络高等教育的出现打破了传统教育的时间和空间限制，使高等教育的大众化和终身化成为可能。第三，互联网的普及和发展使个性化教育、按需学习成为可能。第四，教学模式将从“教师‘教’，学生‘学’”的模式向“学生‘自学、自教、互教’，教师引导为主，教授为辅”的模式发展。

同传统的教育管理工作相比较，应用互联网开展教育管理工作，为教育管理工作的开展提供了巨大的空间，其表现为以下方面：第一，拓宽和丰富了教育管理工作的内容；第二，促进了教育管理工作方式方法的转变；第三，开辟了教育管理工作的新途径；第四，创造了高校教育管理工作的新环境。

可以说，教育管理工作利用网络是适应社会发展的需要，也是教育管理工作自身多样性、综合性和时代性等特征所决定的。

（二）网络文化下对高校教育管理工作创新和发展的一些思考

互联网已经在教学、科研、管理等方面发挥着重要的作用。作为高校重要组成部分的学生管理工作部门，如何科学地利用网络信息，把握机遇，迎接挑战，开创网络时代高校教育管理工作的新局面，是值得广大高校教育管理工作者认真研究和努力探索的。

1. 网络文化下高校教育管理工作的创新思路

高校教育管理工作处在一个开放、迅捷、多元、竞争、变动的环境中。由于计算机信息技术和通信技术的飞速发展，网络在短短的几十年间，异常迅猛地波及了全球的各个角落，其形成的网络文化不仅影响着人们的物质生活，更影响着人们的精神世界，其中影响最大的对象是在校大学生。

网络上信息量大，内容丰富，既可保证资源共享，又不受时空限制，因而很受学生欢迎。网络具有综合性、全球性、互动性、开放性、隐秘性、虚拟性、即时性、间接性、平等性、易检索的特点，使学生在平等宽松的网络环境下，不断丰富知识、拓宽视野、提高动手操作能力。同时学生的个性得到张扬，自主学习的意识和创新意识也不断加强。教育者借助于信息技术，通过文字、动画、图片、影像、视频等手段，对受教育者进行形象生动的教育，提高了教育管理工作的效果和效率，使学校教育、家庭教育、社会教育在真正意义上形成合力。最大可能地利用校园网，进一步充实了校园网络教育资源。

网上信息虽丰富，但鱼龙混杂。为此，学校应建立网络教学平台，鼓励教师将课件、教案、自行开发的课程、资料等上传到网络，使学生在校园网内尽最大可能浏览专业知识方面的学习资源。该网站的设置与维护由教育管理者与学生共同完成。教师与学生通过这一先进的中间媒介，进行网上竞赛、网上交流、网上信息发布、网上意见征集，并建立一整套网络评价体系，让学生自检、自评，借以自我约束，自我警醒。

建立完善、有效的教育管理体制。网络环境下对学生的教育管理工作不是完全依赖网络对学生进行教育，实际上，纯粹通过网络的教育是与现实脱离的教育。学校的教育管理者应正确处理现实环境与网络环境的关系，双方都必须加强对学生的教育管理，不能厚此薄彼。在网络日益吸引广大学生关注的同时，我们更应建立一套行之有效的教育管理体制，让学生健康成长。应坚持以学生为中心，以素质教育为目标，通过经常性的教育管理，如早操、晚自习、宿舍内务、出勤率、到课率等方式对学生进行日常性教育管理，帮其养成健康的学习、生活、工作习惯和健康的生活理念。通过系列教育让学生更加喜欢参加日常活动，尽量减少因沉溺网络带来的危害，丰富校园文化生活。

所谓校园文化，主要是指以学生为主体、以校风为灵魂的第二课堂、社团活动、课外文体、活动与社会实践教育。网络以不可抵挡的力量推动社会发展，影响在校大学生的同时，也会对大学生造成负面影响。传统的教育管理有其独特的魅力优势，我们不能因为信息技术的迅猛发展而抛弃传统的教育管理。为减少网络对大学生的负面危害，教育管理者有责任将活生生的校园文化生活开展得丰富多彩，让学生在现实世界的大舞台中，展现自我，提升自我。通过文化学习、体育竞赛、知识竞赛、艺术熏陶等途径，全面活跃校园生活，让学生在校园这个现实环境里，有展示才能的机会，有不断提高素质的途径、倾诉的场所、有可信赖的师长、朋友，有愉悦的生活、学习环境，从而树立积极的人生目标。让现实生活的精彩与网络世界的神秘完整地结合起来，让学生既不脱离现实，又借助信息技术，拓展最大可能的发展空间。

2. 网络文化下高校教育管理工作的有效措施

网络的迅猛发展给中国的传统文化带来了挑战和冲击。在大学校园里，网络的条件及状况和发展也成为加强大学思想文化建设工作的新课题。网络文化不仅是社会物质生活方式与日常交往方式的变更，更为根本的是人的价值坐标体系、存在意义标尺的转变。高校网络文化是以数字化的信息发送和接收为特征的，以高校大学生为主要传播对象的，具有一定虚拟性质的文化。大学生的年龄特点和知识结构决定了高校的网络文化对大学生的影响具有深远性、长久性和复杂性，这种影响甚至也超出了以往的任何一种传统媒体。学校网站要成为传播先进文化的重要阵地，是现阶段高校网络文化建设的发展方向和指导思想。

（1）树立高校教育管理工作的新理念

目前，大学生的上网人数、平均上网时间都在不断增加，网络对大学生思想的影响向多元化趋势发展。而对学生接触日益频繁的网络，在帮助大学生们在互联网上能够趋利避害这个问题上，应该尽快建立与之发展相适应的教育意识与教育理念。首先，挖掘网络信息，研究学生心理动态，引导校园网络文化主流。其次，树立“全面育人”的理念，把网络教育纳入日常教育的主要组成部分。

（2）构筑和谐高校网络文化氛围

要加强校园网络文化建设，首先，高度重视校园网络文化的建设，转变传统的校园文化建设模式。其次，坚持正面引导，建立网络教育阵地，管理学生，服务学生。再次，运用先进的技术手段，加强网络的管理和监控。最后，坚持以人为本，积极为大学生提供优质的网络文化服务。始终把人的需要和人的发展放在第一位，把大学生的成长、成才作为校园网络文化建设的价值标准和最终目标。

3. 加快高校教育管理工作信息化建设

信息化建设已经成为当前刻不容缓的任务，各级各部门都要把推进信息化作为事关未来发展大局的事来抓紧抓好，教育管理工作也要适应信息化的要求，营造和改善学生管理工作信息化的发展环境，积极创造各种条件，实现学生工作管理手段的现代化。

（1）领导重视，各级管理人员进一步转变观念。主管学生工作的校领导是实施学生管理工作信息化的关键。“一把手”原则不是要求学校领导从操作、编程方面懂计算机，而是要明确计算机代表一种先进的提高劳动生产率的工具，从计算机代表资源共享的观念了解计算机。它不是要求主管领导必须学习计算机信息技术，掌握复杂具体的计算机信息技术知识，而是指领导应该充分重视信息化建设的重要性，有提高教育管理工作水平的设想和运用现代管理科学的设想，统一指挥相关的职能部门，有计划、有步骤地进行教育管理工作的信息化建设。受传统观念的影响，有些管理人员对学生工作信息化的必要性认识还不够，信息管理意识淡薄，要改变这种现象，则要加大信息化建设方面的宣传力度，做好计算机信息技术知识的宣传普及工作，进一步提高全体管理人员对信息化在国民经济和社会发展中的战略地位和作用的认识，自觉学习计算机信息技术知识，主动适应信息技术的发展，将其应用于日常管理工作中，推进教育管理工作信息化建设的进程。

（2）全面规划，加强宏观调控和综合协调。管理软件都有一个开发周期，为了避免因周期长而造成人力、物力的巨大浪费，在软件开发初期必须对单位需求进行分析和设计，考虑单位需求在未来的发展形势，对各种系统进行咨询和考察，选择与单位条件相适应的结构体系、设备和软件系统。

管理软件都有一个适用性，一所学校采用统一管理软件是解决操作问题的好方案。制定的规范必须保证结构体系的先进性、开放性，数据结构的完备性与可扩展性，这样才能保证规范的实用性与生命力。为保证网络系统的安全，可以采用在内部各系统与Internet的连接处加装防火墙和隔离设备，对重要信息的传输采用加密技术等措施。同时，要加强网络安全知识的宣传普及，增强信息安全意识和信息法治意识。

（3）以人为本，加强管理人员的培训工作。要想实现高等学校教育管理的信息化必须提高管理人员的素质，加强管理人员的培训是最基本的途径。应加大对各级管理人员计算机信息技术的培训力度，通过各类各级的教育培训、组织学术交流等途径普及信息技术教育，扩大人才培养规模，使他们掌握学生工作信息化的基本知识和技能，提高运用计算机信息技术进行教育管理的水平，以促进教育管理信息化的快速发展，提升管理层次和水平，同时，扩大人才的培养规模，提升人才培养的质量，也为实现中华民族的伟大复兴奠定基础。

（4）建立完善的高校网络工作体系。首先，校领导的网络意识是网络工作体系建设的关键。其次，硬件建设是网络工作体系的基本保障。再次，网络工作队伍是网络工作体系的重要核心。最后，校园网络功能的不断扩展是网络工作体系的生命力。

4. 网络文化下高校教育管理工作新思考

高校的学生思想活动独立性、选择性、差异性日益增强，要对教育对象进行恰当的教育，必须了解对象的特点和熟悉其所处的环境。当“第四媒体”极大地影响在校学生时，教育管理者必须高度重视网络环境下学生的教育管理工作，尽快转变观念，树立正确的网络意识，充分认识网络给教育管理工作带来的机遇和挑战，加强对网络和“网民”的深入研究，加快建立教育管理工作的调研网络和信息网络，使网络成为开展教育管理工作的有效载体。高校教育管理工作应以改革创新的精神，积极探索新途径、新方法、新手段，大力推进教育管理工作文化素质、校园网站等方面的建设。

三、对高校大学生的影响

（一）“互联网 +”时代对大学生的影响

1. 丰富知识，拓宽视野

互联网是一个交互式的大型数据库，它可以将散落在世界各地的新闻、最新的理论成果等内容融合在一起，向人们展示一个全方位的开放的世界。互联网本身的开放性和便利性也使大学生可以通过浏览网页获取最新的时代信息和知识。互联网作为第四代媒体，承载的信息丰富多彩，它将整个世界连接在一起，具有极大的信息储存量与传播量，成为大学生新的信息来源渠道。

2. 重塑创造性思维

创造性思维是一种具有独创性、发散性等特点的思维方式，拥有创造性思维的人不局限于已有的固定模式中，而是寻找与众不同的新道路。互联网的广阔性和开放性为学生接触新鲜事物提供了广阔的空间。大学生可以根据自己的意愿，享受互联网带来的乐趣。“互联网 +”时代为大学生的发展提供了创新的空间，重塑了大学生的创造性思维。

3. 扩大交友范围

在生活中，大学生由于环境、性格、习俗等条件的限制，他们的人际交往范围和对象是有限的。网络的开放、自由打破了现实生活的局限，他们可以根据自己的想法和爱好进行社交。互联网克服了日常交往存在的点对点的局限。“互联网 +”时代，大学生的交际对象、交流范围得到了延伸。他们可以结识许多朋友，可以更好地展现自己、了解自己。

（二）对高校教育管理工作者的影响

1. 管理模式的影响

传统模式的改变给管理工作带来难度，现在的电视、电台、网络等媒体对学生生活的影响，无形中改变了学生的认知和价值观的走向，信息多元化、价值观多元化，给辅导员工作造成很大的不利影响。这些媒体的出现改变了原有的管理教学模式，学生比以往更快捷地获取信息，这些信息良莠不齐，学生辨识能力不足，新的环境改变了原有的管理模式，辅导员的管理地位也受到了影响，为了更好地进行思想政治教育，辅导员们就应该准备好新的姿态面对新的挑战。

辅导员应该以网络为工作，学习网络工具的应用，加强学生的思想品德建设。随着学生对网络的掌握越来越熟练，学生的自主性也在变强，所以教师要利用网络这条渠道，帮助学生建立正确的“三观”。

2. 教育管理工作的主体地位受到威胁

大学生的上网时间不断增加，网络已经成为生活中的一部分，学生受到网络影响越来越深刻。因为网络迅速普及，浩瀚的信息资料虽然开阔了学生的视野，但是信息鱼龙混杂，同时有不健康的信息在流传，所以教师要及时进入网络管理工作。

四、对管理工作者素质的影响

网络已经成为人们工作、学习、生活不可或缺的一部分，面对复杂的国际政治局势，面对快速发展的网络科技，面对思想日益复杂的受教育者，高校学生管理工作者的政治素质、电脑技术、能力水平正面临严峻的考验。第一，管理者必须跟上时代，如果孤陋寡闻，不善于捕捉网上各种各样的思想信息，去伪存真，有的放矢，就会使教育管理工作的有效性大打折扣。第二，如果没有熟练的电脑技术，不善于借助最新的软件工具，必然无法满足大学生接受思想政治教育的需要。思想政治教育工作者作为服务学生健康成长的导师，也是学生学习的榜样，在此情况下，必然会面临能力与素质方面的挑战，所以只有不断地学习、提高认识、提升能力，才能成为一名合格的思想政治教育工作者。

第二节 “互联网 +”时代高校教育管理模式改革的理念

一、融入开放性的思想

（一）建立优秀的管理团队和制度

如何适应时代的要求，培养社会需要的人才，是从事学生管理工作者的永恒话题，同时对学生管理领导干部提出了更高要求，必须加强队伍建设。学校高层领导应加强对学生管理工作的重要性的认识，挑选一批思想素质高、工作能力强、具有一定学生管理工作经验的工作人员担任学校学生管理领导工作，经常性地组织并开展对各分校、教学点学生管理领导干部的专业培训，全面提升学生管理干部的素质。通过各种方式组织开展校与校之间学生管理工作的交流，请学生管理工作突出的管理人士讲解、传授管理经验，并通过讨论交流，达到共同提高，共同进步的目的。

学校应建立导学教师引进、培训、考核、交流的整套制度。完善引进程序，严把入口关，力争把有能力、责任心强的导学教师引进来。建立严格的导学教师培训、考核制度。导学教师应对以现代计算机网络为主的多媒体现代远程教育技术有较深的掌握，能熟练运用计算机网络等多媒体技术获取教学资源，并能配合辅导教师进行教学资源的整合，组织和指导学员开展网上答疑、网络论坛讨论、双向视频等网上教学活动，利用QQ群、电子邮件等与学员进行日常沟通。完善导学教师的流动计划，打破以往导学教师队伍建设的封闭体系，激活用人机制，拓宽导学教师出口，加强导学教师的交流和提拔，解决导学教师的后顾之忧。

解决导学教师流动性较强、流失率较高的问题，必须加强导学教师的专业化建设，其中最主要的就是更新观念，尤其是更新领导的观念，全面提高导学教师的综合素质。导学教师在工作了一段时间以后就会积累一定的工作经验，也会认识到自身不足。如果学校能制定一套完整的培训机制，给他们更多的培训学习的机会，不管是对学校还是对导学教师本人来说都是双赢的。另外，还可以加强导学教师之间的沟通与交流，使导学教师的业务能力不断提高，确保导学教师在工作中发挥应有的作用，保证开放教育学生的培养质量。

（二）注重培养优秀的学生干部

学生干部队伍应真正发挥先锋模范作用，真正发挥战斗堡垒作用。学校应健全团支部、学生会组织，主动让学生组织成为学校与学生，教师与学生沟通的桥梁，通过民主推荐、个人竞选产生学生干部队伍。帮助广大学生树立和培养学习自信心。一方面肯定他们在以往的学习和工作中取得的成绩和努力，使他们充分看到自己的优点和能力；另一方面，循序渐进一对一式辅导，将他们在现在的环境中遇到的问题总结归纳，然后反馈经验。在交流沟通过程中，要注意交流态度，避免挫伤学生的学习积极性。要充分尊重学生，成人学生的自尊心相对来说更强，并且也更容易受到伤害，老师的教育手段要不断改进，积极与学生磨合，减少代沟的出现。在沟通的同时，鼓励他们学习之后要在自己原有的领域有所创新和进步，帮助他们做好职业规划和人生规划。在思想教育过程中，应尽量避免用说教的方式，毕竟这些学生都是成年人。而强硬的教育态度只能引起学生的逆反心理，不仅不会配合老师的教育工作，甚至会放弃继续学习。对个别学生要单独关注，因材施教，明察暗访，找出学生学习欠缺的根源和影响因素与周围同学同事努力解决问题，最大限度地激发他们的学习动力。

（三）通过加强校园文化氛围引导学生的学习和发展

开放教育的学生多以参加远程教育学习为主，他们渴望交流、有丰富的校园生活，感受来自众多同学的支持与友谊。学校应主动提供学生情感交流、培养兴趣和寻求帮助的平台，能够促进学生之间交流沟通，传承成长经验，解答学生疑惑，碰撞智慧思想，传递情感关怀，培养同学友谊，消除学习孤独感，增强学生对开放大学的身份认同感、归属感和凝聚力，营造积极向上的校园文化氛围，促进学生的管理、学习和发展。经常性地开展校区、班级之间各种比赛活动，增进学生之间的友谊，根据不同学生原来从事行业的不同，有针对性地聘请相关行业的专家学者到学校举办讲座，吸引学生的积极参与和交流。并用各种比赛的形式加强同行的良性竞争，使同学之间互相帮助，共同进步。对学生的学习积极性导学教师应合理引导，帮助其树立明确的学习目标，使其学生既有针对性还能自我检测和反馈。

二、坚持以人为本的理念

（一）什么是以人为本的管理

以人为本管理模式以人为中心，在确立学生主体地位的基础上，围绕调动学生的主动性、积极性和创造性来开展一切管理活动，这种管理模式是高校学生管理模式发展的必然走向。以人为本的学生管理工作理念，就是要以人为出发点，充分尊重学生作为人的价值和尊严，充分尊重学生的人格、个性、利益、需要、知识兴趣、爱好，力促学生全面发展，健康成才，并能可持续发展。这意味着要从那种把对人的投资视为“经济性投资”的立场转变为“全面发展性投资”的立场。

以人为本的管理在处理人与组织的关系时，并不否定和排斥组织的目标，而是应把人的自我发展和自我完善作为组织目标的组成部分。高校学生管理中坚持以人为本的管理思想，就是指高校学生管理工作必须以调动学生的积极性、做好学生的工作为根本。具体而言，就是要在高校学生管理过程当中坚持把教育和管理的对象——所有学生作为全心全意为之服务的主体。树立“以人为本”的高校学生管理理念，营造良好的服务氛围，对学生能起到潜移默化的作用。高校从教学到行政管理，从学生学习到后勤服务，都要不断深化教育改革，转变教育观念，转变过去那种以学校为主体、以教育者为核心的工作思路和工作方式，变管理为服务，树立一切工作都是为了学生的健康成长的管理理念。以人为本的高校学生管理就是以学生的发展为高校工作的出发点和落脚点，一切为了学生，使大学生德、智、体、美全面发展。具体而言就是要理解学生，尊重学生，服务学生，信任学生。

（二）实现以人为本的管理模式的必然性

人性化管理是以情服人来提高管理效率的，人性化管理风格的实质就在于充分尊重被管理者的自由和创造才能，从而使得被管理者愿意以满足的心态或以最佳的精神状态全身心地投入到学习和工作当中去，进而直接提高管理效率。人性化管理是情、理、法并重的管理，而不是放任管理，也就是我们提倡的教育人性化。对高校学生实行以人为本的管理模式抓住了学生管理中核心的因素，因为学生管理就是人的管理。人的需求、人的属性、人的心理、人的情绪、人的信念、人的素质、人的价值等一系列与人有关的问题均成为管理者悉心关注的重要问题。这是高校学生管理的出发点和落脚点。

高校的基本职能之一就是为社会发展教育和培养人才，大学生已经具有了成为国家栋梁的基本潜质和条件，在教育和培养的过程中，要充分调动大学生的主动性、积极性和创造性，为他们提供能激发创造性和自主创新性的氛围。而要实现这一目标，高校学生管理就必须是人性化管理，实施以人为本的管理模式。首先要转变教育管理观念，树立科学的人才观。切不可用一种人才模式去苛求学生，限制学生个性的发展。学生管理工作者要有着眼于未来的宽广眼光和不拘一格育人的胆略。其次是要着重提高教师的综合素质，强化管理者的人格魅力。在新形势下，主观上学生群体已经不接受传统的高校学生管理模式，客观上高校管理所面临的形势也不能使这样一种模式维持下去。招生规模的扩大，贫困生数量的增加，个性培养和创新教育日益被高校所重视等，这些因素都要求高校学生管理必须抓住“学生”这一根本，转变管理理念，提高教师的综合素质，强化管理者的人格魅力。进行人性化管理，其实是对教师尤其是学生管理者提出了更高的要求。以人为本，促进高校学生管理和谐发展是时代发展适应大学生全面发展和个性发展的必然要求。

（三）构建以人为本的学生管理模式

1. 加深对学生的本质认识

高校学生管理，无论是计划和任务的确定，还是内容和形式的选择，都源于对学生的认识和把握，源于对学生发展中各种矛盾的深刻洞察。实际上，任何个体都有其自身具体、独特、不可替代的需求。不同个体的需求在整个群体中又都不是孤立存在的，它们之间是相互联系和作用的。就高校学生管理而言，学生对自身所处管理环境的感受，对自己在学校中的地位，对学习、恋爱、人际关系、就业等个人发展需要得以满足的程度，都是影响管理效果的重要因素。离开了对这些因素的认识、洞察和把握，高校学生管理就成了无源之水、无本之木。因此，我们只有全面考虑学生的个体情况，重视个人需要在管理中的地位和作用，并把它们看作运动的、变化的，高校学生管理才能有的放矢，提高管理效率，收到预期的效果。

2. 营造以人为本的校园文化环境

环境是人们赖以生存和发展的自然条件和社会条件的总和。校园文化环境，是指与校园文化的形成与发展密切相关的外部条件。校园文化环境包括校园的物质环境和校园的精神环境两部分。校园的物质环境是以布局成型的姿态出现的物质环境，主要是指校容，如建筑物的布局，室外的绿化、美化，室内的整洁、美观、大方等。校园的精神环境主要是学校的传统习俗，校风、人际关系、心理氛围、文化品位及活动构成的气氛等。人的发展及才能的养成，是遗传、教育、环境共同作用的结果。就学校而言，这种对人的发展以及才能的养成产生影响的环境，就是校园文化环境，校园文化环境对学校的教育工作及师生员工的生活有着不可低估的作用。开展丰富多样、多元化的学生集体活动能够培养学生崇高的理想和高尚的道德情操，能够使学生的兴趣爱好和特长得到良好的培养和充分的发挥。在一个健全的集体中，学生的不良习惯及意识也比较容易克服，因为集体的影响、优良作风对学生思想品德的形成和发展能起到巨大的促进作用。

3. 构建以学生为中心的管理模式，实现学生自我管理

作为教育工作的重要方面，在管理工作中确保学生的主体地位，尊重和维护

学生自主学习的权利，就要保证教育主体的主观能动性得到充分的发挥，使他们的个性得到充分的张扬，使学生的潜力和发展的潜质得到充分的挖掘。积极实践学生的“自我管理、自我教育、自我约束、自我服务、自我发展”等，不断培养和提高学生独立思考问题、分析问题、解决问题的能力，这不仅是改进学生工作，为学生的自主发展提供更大空间的需要，也是我们这些年来在学生管理工作中的成功经验。实际上学生的“自我管理”，就是一种民主的、开放的、人性化的管理，它更加有利于实现学生成才的目标。

（四）加强以人为本管理

做好学生管理工作，需要大家不断地努力，通过多和学生沟通，了解学生，从而更好地做好学生管理工作，立足于学生所需、学生所想，实实在在地为学生做好服务。在管理方面，教师应该更多地阅读教育学方面的书籍，更好地了解现阶段学生，知道怎样处理出现的问题，同时做学生管理工作的老师需要有满腔的工作热情和无私奉献的精神，这是一名管理者应该具备的，时时刻刻关心学生，了解学生的需要，从更人性的方面出发。然后老师也需要合理的晋升培训机制，更好地鼓励管理工作做得好的老师，只有这样教师才能更有动力地做好管理工作。

（五）提高学生管理工作者的素质

以人为本的管理理念体现出管理的自主性、民主性、灵活性和发展性等特征，这对学生管理工作者提出了更高的要求。所谓“教书育人”就是通过“教书”这一手段和过程达到“育人”的目的。高校各门课程都具有育人功能，所有教师都有育人职责。学校道德教育的成效很大程度上是由教师的道德素养所决定的。教师及各类管理人员要从不同的方面对学生的行为产生影响和作用，确立全员育人和全程育人的观念。学生工作者要深刻认识并准确把握经济社会形势和发展趋势，面对这些变化所带来的影响，能够因势利导做好学生的教育引导工作。

建设一支高素质的学生管理工作者队伍，一方面是高职院校要按照要求认真做好建设规划，做到与师资队伍和其他管理人员队伍的建设统一规划、统一实施；要明确条件、坚持标准，切实做好人员选配工作；要周密计划、合理安排，扎实推进人员培训工作；要提出目标、严格要求，不断增强学生管理工作者的责任感；领导和有关部门要对学生管理工作者思想上重视、工作上支持、生活上关心、政治上爱护，使学生管理工作者都能够随着形势的发展和工作的进行不断提高素质和水平，以满足事业发展的需要；另一方面也要求学生管理工作者加强自身修养，明确神圣职责，增强责任观念，树立服务意识，努力学习，积极实践，深入思考，大胆创新，不断探索新形势下学生管理工作的新路子、新方法，不断总结适应新形势、新情况下的学生管理工作的新经验、新成果，在全面服务学生成长成才的过程中发展自己，实现自身的价值。

以人为本的学生管理要追求以新奇制胜，以巧妙攻心，关注学生的日常生活和学习生活中行为表现的细枝末节，把为学生服务放在重要位置，创造性地进行管理。只有坚持“以人为本，和谐发展”的管理理念，适应现代科学发展观的要求，倡导积极向上的学习观、人生观、价值观，实现学生管理模式的改革与创新，才能真正促进学生的全面发展、和谐发展和持续发展。

三、增强教育服务意识

（一）教育服务理念为改革高校学生管理提供内部驱动力

我们的教育理念是培养人、改造人、塑造人，这具有很大的合理性和教育价值，但是，怎样操作和实施，我们应树立高等教育服务理念，能够促使高校树立责任意识、市场意识和竞争意识，促使他们关注社会与受教育者的个人教育服务需求，推动高校自觉自主地进行改革，把握市场动向，完善服务体系，增强效益意识，提高服务质量。来自管理者自己对这种改革的需求和认同是改革高校学生管理最主要的动力。

要求高校学生管理者树立教育服务管理理念，就是期望在形成教育服务理念的同时，一方面使管理者意识到自己与服务，服务与学生的密切关系，因而去尝试改变对学生的态度，尝试用一种全新的视角去看待学生；另一方面，也让管理者从根本上认识到传统管理的问题所在。服务理念首先是将服务对象当成自己一切服务工作的对象和焦点，将学生满意不满意作为衡量管理业绩的重要指标，在客观上就迫使管理者去反思原来的管理理念，并努力去接受新理念、新方法。这样，就能形成一种内在动力去推动他们进行改革。

（二）教育服务理念为引导高校学生管理提出新的目标

学生是共性和个性的统一。共性是指学生的群体属性，个性则是指学生的个体属性。处于同一年龄阶段的学生，由于他们生活经历的相似性，他们的身心发展在同一规律支配下，表现出某些相同或相似的属性和特征，即共性。但这些共性只是相对而言的，由于个体间遗传因子、家庭背景、社会环境及教育影响的差异，学生的身心发展无论是在内容上还是在水平上都是千差万别的，学生的性格、兴趣、爱好、智力、能力不完全相同，即具有个别差异。这种个别差异是绝对的，是不以人的意志为转移的。这是学生管理必须面对的事实。

树立高等教育服务理念，不仅能够让我们意识到学生共性和个性的差异，还能够让我们意识到：高等教育服务的生产者是教育工作者，他们通过消耗智力和体力，从而生产出适合不同教育对象需求的，具有多方面性能的教育服务，处在生产领域。学生则是高等教育的消费者，处在消费领域。这种理念为高校学生管理实践提出了新的目标。

作为提供教育服务的教育者，在学生管理中应以学生为本，尽量满足学生（作为消费者）的需要。不同的学生有不同的需要，同一学生不同时期的需求层次也不尽相同，需求的多样化决定了教师工作的复杂程度。要生产出优质教育服务，以满足不同人的所有合理需求，教师就要自觉地树立以人为本的服务理念，“弯下腰去”掌握学生的思想动态，了解他们需要什么，喜欢什么，想些什么，关心什么，拥护什么，反对什么，兴趣何在，更要了解不同年龄学生身心发育的规律和特征。要深入课堂，深入食堂，深入学生宿舍中去，深入学生活动的各个方面，只有这样，才能从学生的角度制定出符合他们身心发展需要的管理规章，才能努力完善他们的个性，充分发挥他们蕴藏在主体内部的创造潜能，才能受到更多学生的欢迎和喜爱。教师还要了解学生需求的变化。社会在变，时代在变，生活环境在变，学生的思想观念也会随之发生变化。这就要求教师要不断调整教育方式，随时了解以前的规章是否还符合发展了的实际，以前的教育方式、教育手段是否还是学生愿意接受的。

（三）教育服务理念为高校学生管理创造新型师生关系

传统的教育理念认为，学生是教育的客体，教师是教育的主体。受这种教育理念的影响，在学生管理中，教师和学生之间是管理者与被管理者的等级式的，指挥与服从的关系。

树立高等教育服务理念，要求教育者重新审视以前的师生关系，树立起新型的师生关系。

从高等学校教师方面来看，在教育服务生产过程的师生关系中，学生作为教育服务消费者，在教育过程中占有重要地位，教师必须予以尊重，教师作为教育服务生产者，不能不认真考虑作为教育服务消费者学生的意见要求。这意味着教师必须改变角色意识，树立服务理念，从提高服务质量、保证消费者满意的角度出发来考虑一切，才能做到因材施教。

从学生来看，意识到接受高等教育是对高等教育的消费，意味着他们必须树立独立意识和自主观念，他们必须对自己的选择和行为负责，不能完全依赖学校和老师。这种新型的师生关系有利于学生管理中师生平等地、朋友式地、相互尊重地交流对话。管理者也只有从观念上意识到对学生进行管理就是对学生的一种服务，教师才可能真诚地去爱，真诚地付出，新型的师生关系才可能得以建立。在这种新型的师生关系中，学生管理倡导以“爱”为核心的情感管理。

爱是一切教育的起点，是开启学生心灵的一把金钥匙，也是教育引导和管理学生的一种精神动力。只有爱学生，管理学生才能做到十分耐心，了解学生才能非常细心，为学生服务才会一片热心。而爱学生的最有效途径就是和学生交朋友，成为学生的良师益友。这样，一方面可以唤起学生管理者的友爱之心，使学生管理者乐于并善于与学生交友；另一方面可以使学生把学生管理者看成值得信赖的人，向管理者敞开心扉，吐露心声，心悦诚服地接受管理。

（四）在学生管理工作中树立服务意识的几点建议

1. 建立一套科学、规范、完善的学生工作制度

高校应按照国家有关法律规定，依据本校实际情况制定完整的、可操作性强的程序、步骤和规章制度，并以此规范学生的行为，行之有效的管理。完善学校的规章制度应确定制度主体，不仅学校领导参与，管理者参与，作为被管理者的学生也要参与，这样才能充分体现学生的利益，实现“以人为本”。

学生管理制度应当完善，不仅要注重实体内容，还应当注意到程序内容。比如，学生处分制度，应当列明学生在哪些情况下会受到处分，还应有学生辩护机制和申诉机制。在所有的程序都进行完之后，再由决策机构来认定处分该不该执行。

学校应有快速的反应机制，国家一项新的学生管理政策或者法规出台以后，学校应快速制定出相应的实施意见。除了这些强制性的规定，还应当有一系列的自律性的规定，使学生明确集体生活中行为自律的重要性而自觉规范自己的行为。

2. 发挥学生主体能动性，变被动管理为自我管理

在工作中要注意调动好学生自身参与管理的积极性，让学生积极参与学生管理工作，改变学生在学生管理工作中从属和被动的地位，不单纯地把学生看作教育管理的客体，以利于消除大学生对于被管理的逆反心理，实现大学生的自我管理。学生管理中宜推行以学生工作处指导下的，以辅导员、学生干部为调节的，以学生自律委员会为中心的相对的学生管理方式。既能锻炼学生的能力，同时又达到了管理的目的。

3. 完善对学生管理者的选拔模式和培训机制

提高学生管理工作者的待遇，建立一支专业稳定的学生管理队伍。

（1）学生管理者的选拔模式要创新

如今的学生管理工作者的选拔制度存在一定的缺陷，有的是毕业生为了留校做老师而将从事学生管理工作，作为以后成为任课教师的跳板；有的则是通过种种关系安排进来。因此，在这样的情况下，学生管理工作者很难保持高度的热情，管理水平也不一定很高。而新的选择模式是要面向全社会，以完善的选拔机制来

完成对学生管理工作者的选拔，这样能招募到各类人才，使学生管理队伍进一步扩大并提高一定的质量。

（2）学生管理者培训机制要创新

学生管理工作是一项很灵活多变的工作，需要管理者有足够的经验和专业知识来处理各种突发事件，因此，对管理队伍的专业培训显得尤为重要。在新型学生管理模式下，任课老师是一种了解学生情况和反馈情况的角色，宿舍管理者也是一个重要的角色，因此，原来这种专业性的培训机制针对的主要是校、院、班三级的学生管理工作者要改变，应面向专业课教师、学生辅导员和宿舍管理员，对学生辅导员、宿舍管理员要注重教育学、心理学、管理学方面知识的更新与培训以及他们对突发事件的应急能力，让他们将“学会管理”与“学会学习”结合起来，使学生管理工作者能不断超越自我，从而培养出一支专业稳定的学生管理队伍。注重专业课教师对学生工作相关知识的了解程度的培训，使他们从被动到主动关心学生的成长，关心学生工作，从而在各高校树立全员育人的思想。

（3）关注学生管理者的待遇

学生管理工作需要管理者保持极大的耐性和工作热情，管理工作相当烦琐，使得很多管理者不能维持工作的长期性，而管理者的经常变动则影响学生管理工作的开展和完善，因此，提高学生管理工作者的待遇，使其能稳定地从事这一工作是必要的。

第五章　“互联网 +”时代高校教育管理模式创新探索

第一节　管理层面

一、提高管理者的综合素质

随着我国高等教育的不断推广与普及，加之高等教育与国际不断接轨，高校面临着日益激烈的竞争，在这样的情况下，高校管理者也面对新的任务和挑战。高校教育管理者不仅需要履行教师所应负的责任，还需要承担起管理者所应承担的责任，因此需要全面提高自身的综合素质。

（一）高校教育管理者的责任体现——促进高校教育发展和推动大学生成长成才

高校的成功与否在很大程度上取决于其领导者的能力水平的高低，高校教育管理者的能力素质直接决定了高校的发展质量和学生的健康成长。因此，高校教育管理者应当提高自己的管理水平，积极获取新的信息，并在实践中不断总结经验，以提高自身的执行力和沟通协调能力。高校教育管理者还要持续增强自我责任意识，以发展的眼光来发掘和培养管理能力。高校教育管理者应当致力于研究高校教育管理方法，明确管理目标，并将科研作为管理过程的引领，不断地发现并完善管理方法，在探索新问题的过程中推动高校教育管理活动走向科学化和规范化的轨道。

1. 促进高校教育发展的责任

高校教育管理者目前普遍受过系统的高等教育并掌握着先进的科技技术和具

备完善的管理方法，他们是高校中一支充满活力、杰出的团队。因此，应该积极地运用自身的智慧和才能，为高校的发展尽一份力量，为学生的成长和发展服务，这是高校教育管理者的使命，他们应该不遗余力地完成这个历史赋予的责任。在现今科技和知识经济蓬勃发展的时代，民族科技面临着一系列严峻的挑战。高校管理者接受了规范和严格的学术培训，了解各学科的无限可能性，并在探索最新的自然和社会领域宝藏的路上征程。从这个角度来说，他们在促进中国教育发展上更有义务与责任，并在高校教育竞争中展示自己的才能，推动高校的进步与发展。高校教育管理者应该高度重视祖国教育和人才培养的发展，认清建设中国特色社会主义教育和人民满意的大学的深刻内涵，积极参与高校建设，不懈努力地推进高校长远发展。

2. 推动大学生成长成才的责任

目前，一些大学生仍然存在缺乏科学思维、故步自封等一些普遍存在的问题。高校教育管理者不仅需要关注个人成长，还需勇于承担高校教育的教书育人重任。面对旧势力的束缚以及各种历史的和现实的陈腐观念，高校教育管理者应该敢于冲破与清除，抛弃陈旧的思维模式，积极实现自我提升和改进，以此促进高等教育的发展，并帮助大学生健康成长和成才，以达到办人民满意大学的目的。显而易见的是，培养和加强责任感的必要性不容置疑，一方面需要高校教育管理者自身不断努力，另一方面，也需要社会各界为其提供支持，共同实现这一目标。建议高校教育管理者以实践行动来体现责任，积极扩大与社会的沟通渠道，并增加各种锻炼机会，让他们真正走出象牙塔，深入了解社会，对社会现象有成熟的认识，宣传和倡导积极健康的社会风气，同时坚决反对不良的社会现象与社会风气，此外，还需要培养自身鉴别是非并应对复杂局面的能力，只有这样才能帮助大学生树立正确的政治观、人生观和价值观。

（二）高校教育管理者存在的问题表现——认识不到位、信心不足

1. 认识不到位，针对性不够强

高校教育管理的根本宗旨是使每一个学生得到全面发展。因此，高校教育管理者必须具有深厚而广博的学识，成为智慧型的管理者。目前，部分高校教育管

理者在工作中表现出解决和处理问题的能力不够，组织能力不强，知识结构不合理，专业学习不够系统、扎实，熟悉法律且有丰富经验的高校教育管理者较少。高校教育管理者知识结构不合理的问题，使得某些学生管理工作处于应付的状态，难以主动深入开展，这在一定程度上影响了工作的整体水平与质量。有些高校教育管理者对待学生思想教育往往停留在下发文件和空洞的说教上，忽视了综合能力的训练和培养，造成学历与能力很难画上等号。少数高校教育管理者不能踏踏实实安下心来认真学习政治理论，不思进取，得过且过，说一套做一套。

2. 执行力不足，全局观念淡薄

有些高校教育管理者甘于平庸，满足于工作上的一般化，创先争优意识不强，理解上级指示精神不全面，执行上级的决策部署不坚决。究其原因，是其对上级政策精神把握得不深入，理解得不透彻，执行办法不多，结合自身实际创新工作思路的积极性和主动性不足，习惯用“老套路”或简单的行政手段解决学生中存在的矛盾和问题。因此，面对今天的新形势、新要求，就需要我们更加主动自觉地去迎接新的机遇与挑战，提高工作能力、执行能力及善于应对突发事件的能力，不断提高分析问题、解决问题、驾驭全局的能力，进而发挥好高校教育管理者的作用，以适应学校又好又快发展的需要。

二、高校教育管理者的素质优化全方位、多角度相结合

高校教育管理者在工作中除了集思广益、博采众长之外，还应具备管理、规划、发展、远景展望的能力。工作不能停留在表面上，必须有计划、有总结，这样才能保证执行的效果，执行过程中绝不能随遇而安，要打破因循守旧的观念，树立大胆创新的观念，自觉运用创新思维，完成高等学校的目标，这就必须培养自我管理能力与社会责任感。

（一）注重知识更新，加强责任引导

高校教育管理者要在意识到自己责任的同时，把它升华为一种自觉的内心信念，升华为义务感，形成强烈的社会责任感。培养自我管理能力，要把高校教育管理者所具备的政治素质、业务能力、增加工作经验等作为能力管理的主要内容，

根据高校教育管理者的具体情况和需求，有针对性地加强学习与培训，保证获得急需的工作技能和方法，促使高校教育管理者运用自己的理论优势帮助大学生成才，促进学校教育的发展。高校教育管理者作为教书育人的责任主体，具有公民的权利和意识，也必须具有办人民满意大学的责任意识，从而引导高校教育管理者正确认识个人与社会的关系，认清承担社会责任是实现自我价值的必由之路和强化构建和谐学院的思想基础。个人与社会之间既有区别又有联系，是共生共存、辩证统一的。发挥好高校教育管理者的主观能动性和创造性，使他们善于运用科学理性的思维去分析问题、解决问题，充分发挥高校教育管理者自身的优势，鼓励自我，勇于创新。青年高校教育管理者接受新鲜事物快，上手能力强，勇于创新，可以通过以老带新、亲力亲为拓展渠道，根据“求新”“求异”的特点，加强对其社会责任感的有效引导，帮助青年高校教育管理者用理性的思维处理各种纷繁复杂的事物与矛盾，在实践中提高青年高校教育管理者的责任感和事业心。只有这样，高等学校才能培养出服务社会的人才，自身价值也才会得到充分体现。

（二）注重能力管理，拓展创新载体

高校教育管理者要培养健康的心理素质，锻炼坚强的品质并增强抗挫折能力。高校教育管理者在教育管理工作中常常会遇到不顺心的事情，会感到委屈、郁闷，这种心情会在很大程度上影响工作的效率和准确度，甚至使面临的情况愈加困窘，所以要注重培养自己的心理素质。高校教育管理者要有坚定的职业精神，只有对自己的本职工作付出热情和心血，才能真正把事情做好。在繁重而枯燥的工作中，高校教育管理者只有选择耐心与认真，才能不折不扣地完成教书育人的任务。孔子云：“吾日三省吾身。”如果每一个高校教育管理者都能经常对自己的表现进行反思，不断克服自己的惰性和私心，那么高校的教育管理水平就能日益提高。高校教育管理者面对学生工作中“繁、急、难、重”的工作，要创新载体，注重能力管理，要不断去探索新方法，找出新程序，不断提高管理质量，打破因循守旧的观念，树立大胆创新的观念，注重教育的实效性，从而实现个人价值与社会价值的统一。高校教育管理者最终的目的是为学院发展服务，为社会培养优秀合格的人才。高校教育管理者只有具备了社会责任感，才能培养出社会需要的人才。

三、掌握高校教育管理的艺术

（一）制度的规范和激励功能在高校教育管理工作中的显现

在高校教育管理工作中，规范性制度与激励性制度都有其合理性与价值。这并不意味着我们要否定规范性制度在高校学生管理工作中的重要性，相反，我们需要认识到制度的两种主要功能，确保它们在各自的层面上发挥作用并发挥其最大效用。大学生具备强烈的自主意识与独立人格，拥有清晰的道德观和价值观，他们会根据自己的理性来进行价值判断和价值选择。规范性制度旨在准确定位学生的权利和义务，以保障其完整的公民权和受教育权，同时明确规定大学生作为公民和学生所应遵守的行为规范和责任。因此，规范性制度旨在界定大学生行为的基本准则，对符合其规范的行为提出具体的要求，对不符合规范的行为应该及时进行强制性处理。

规范性制度通常与大学生的义务性内容和责任性内容有关，这些义务性内容和责任性内容能被规范性制度保障和规范。换句话说，规范性制度具备“普识”性权利和义务的要求。我们应该避免规范性制度的范围过于广泛，防止其陷入传统教育管理模式的桎梏，应把管理制度定位于对学生行为的规范和约束，将避免学生犯错作为工作重心。因此，规范性制度的价值倾向是向内的。这种倾向通过引导人们遵守基本行为规范和必须遵守的强制性要求，帮助学生养成良好的习惯，以符合社会公民的品德和素质要求，从而使学生具备良好的公民素质，推动社会文明的不断进步。

通过激励性制度，能够激发学生的参与热情，拓宽他们的人生视野，提高他们的判断能力和决策能力，提高他们的选择的意识与能力，引导他们养成正确的价值观念，从而为他们开辟出广阔的人生道路，使他们成为真正的生活主体。人才具备基本要求，但没有一致的范式。制定规范体系可以培养基本需求，但促进人才本身的发展需要多种激励制度和多层面的肯定。制度或规则应该创造一个“教育的情景”，为学生提供实现个人价值的活动场所，并提供与实际生活相符合的内容，以提高学生的价值认知能力、探究能力和体验能力。

（二）以激励性制度引领高校教育管理工作的价值创新

在高校教育管理中应该重视激励性制度的实施，着眼于其激励功能，对目标进行适当定位。首先，要认识到学生的个性差异，发挥他们的不同特点和优势，帮助他们明确自己的价值取向。其次，要改变管理者的工作方式，更加注重服务角色的意识，创造一个既遵守规章制度，又充满活力和生气的实践平台，以提高学生的实践能力。最后，要改变人才培养的方式，不过于依赖制度规范及规避“同质化”现象。教育管理者要帮助学生在充分展现个性的环境中，通过自我学习、自我管理和自我服务，实现自己的价值。

1. 制度设计

在高校教育管理中，教育管理工作者应该注重制度创新，不断完善相关制度，让其更加科学化。一所学校的教育管理制度，应该是完善和成熟的，它应该体现出学校德育工作的理念，也应该与学校人才培养的目标和要求相符合。此外，它应该反映学校教育管理工作的思路、模式和方法，最终反映出学校教育管理工作的水平和管理境界。为实现高校学生管理工作的价值创新，教育管理工作者需要认真思考和合理设计制度功能的特点和原则要求。在强化制度执行力的同时，更应注重制度设计，力求达到规范管理、增强教育性实效等方面的要求，以达到更全面、更高效的管理效果。

在制度设计方面，需要建立完善的评价机制，以优化绩效考核激励机制。有学者认为，道德发展取决于规则如何被理解，而不是取决于文化内容。笔者由此产生思考：规则传达给人们的是一种约束性的价值灌输，还是一种启发性的价值引领。通常情况下，学生的行为要求应与其自身的个人发展目标相吻合，限制向内，开放向外。高校教育管理的重点和归宿应该是通过制度上的激励措施在学生的成长过程中对学生的教育价值观进行引导渗透。教育要通过生活才能发出力量而成为真正的教育，德行养成教育只有借助生活实践才能真正成为德行教育，因此日常生活也可以看作是个体德行的养成之所。制度设计的目的在于将个人的道德理性与生活实践相结合，利用制度的激励作用，借助静态与动态有机结合的激励性功能，通过细化和量化管理，促进个人的价值观在生活中得到验证与实践，养成稳定的道德行为习惯，逐步建立起稳定的道德思考、价值判断、价值选择及行动的基本方式，从而让学生在提高综合素质方面始终保持一定的张力和维度。

2. 价值实现

面对当前复杂多变的世界局势，现今的高校教育管理应该以开放、平等、务实、尊重为基本原则来应对。通过充分利用制度激励功能来推动高校教育管理创新，这对于落实高校教育管理工作有着积极的意义与作用。

第一，激励性制度直接关系到学生个人的生活，能够让学生更深刻地感悟生活。人的身份和意义从所处的社会关系中获得，人是社会关系的总和。人类与周围世界紧密相关，个体通过探索个人、团体与社会之间的联系来寻求人生的意义。要注重关注“我”所处的世界，并以实际存在的身份积极参与其中，进行积极的互动、体感、觉知、认知活动，以便提升个人对自身生存环境的认知水准，并逐渐建立起与生活世界之间的协调、稳定、深厚的联系。

第二，反复强化与训练激励性制度形成行为习惯。我们反对仅仅通过简单灌输和行为控制来培养学生良好习惯的方式，强调在此过程中发挥广泛的价值引导作用。我们积极地鼓励和肯定学生对自己、他人和社会有益的行为，并将这些行为纳入制度认可的范畴。我们不断地鼓励和延伸学生的良好行为习惯，并在这个过程中尊重个体差异，帮助学生形成正确的价值观。最终，激励性制度着眼于激发学生对自身行为的自我审视和自我评价。

第二节　学生个人层面

一、发挥学生的主动性

（一）自我管理的入门——了解自我长处

认识自我并找到自己的优点和长处是大学生最需要关注的事情之一，这需要一个很长的过程，但是越早意识到这一点，对学生未来的发展也就越有利。要了解自己的长处，不仅需要反思和自我激励，更需要不断实践并进行反馈和分析。

因此，作为一名大学生，需要在学习期间尽可能扩大阅读范围，涉猎多个领域的书籍，并在假期积极抓住实践机会。一种可行的做法是，每当做出重要决策或采取重要行动时，大学生可以将期望的结果记录下来，然后将实际结果与预期进行对比，从中发现并专注于发展自己的长处，以追求卓越人生。

（二）自我管理的核心——目标管理

1. 设立目标，让生活有明确的方向

拿破仑说：“不想当将军的士兵不是好士兵。”同样，作为一名大学生，要树立远大的志向，并明确自己的目标。在设定目标时，需要注意三个关键点。首先，将目标与自己的优点结合起来，围绕自己的长处来制订计划，旨在发挥自身所长，集中精力发掘潜在优势并将其转化为实际优势。其次，为了实现目标，必须要明确具体细节，避免含糊其词，因为没有人能够实现一个模糊且不明确的目标。如果计划考取某种资格证，或者打算在毕业后攻读研究生，或者想找到一份具有特定职业特质的工作，那么一定要先明确资格证的名称、研究生专业和所寻求的职业性质。最后，设立的目标不宜过高，也不宜过低而缺乏追求动力。古人云：“取法乎上，仅得其中；取法乎中，仅得其下。”（《易经》）如果设定的目标超出了已有的知识和能力范围，那么这些目标就可能变得虚无缥缈。

2. 分解目标，让生活随时充满紧迫感

我们可以将目标分为三类，分别是长期目标、中期目标和短期目标。长期目标要着眼于未来，应该在毕业后做长远规划。中期目标指的是将长期目标分解为两个甚至更多的短期目标，以便更容易实现。我们应该将重点放在短期目标上，根据实际情况不断调整以期取得更好的成果。通过分解目标，我们可以将有限的精力专注于当下的目标上，并尽全力去完成它。

（三）自我管理的重要内容——学会做事和与人相处

自我管理并非仅关乎个人发展，其最终的目的是服务社会，融入集体。因此，自我管理的核心意义在于培养学会与他人相处和处理事务的能力，以便更好地为社会服务。学生在接受大学教育后，必然会投身于社会，因此在学生自我管理的内容中，提高社交技能和自身素质至关重要。自我管理的目的在于让学生学会做事做人。在做事方面，除了做正确的事情和做好的事情外，还应该提高工作效率，以最高效的、最佳的方式来完成任务。在做人方面，一个人除了要做到言行正直、诚信做事之外，还应该追求快速成长、成功，并赢得他人的喜爱和敬重。

（四）学生自我管理在高校管理工作中发挥着重要作用

高校教育管理越来越重视学生自我管理，它能够在高校管理工作中发挥重要的作用。

一方面，自我管理可以促进大学生发挥积极主动性，提高应对实际问题的能力。“自我管理”是一种管理模式，主要以大学生为主。该模式下，大学生同时充当管理者和被管理者的角色，学生积极参与学校管理，并接受自己的管理，这足以体现大学生的自主性和主体性。

另一方面，在此过程中也能够培养大学生的独立思考能力和增强社会责任意识。实质上，“自我管理”就是指学生的自我约束。在高校规章制度的监督下，自我管理可以增强学生的自我控制能力，促进学生增强独立自主意识，积极调动学生的积极性和主动性，让学生不管是在学习中还是在生活中，对自己、他人、社会负责。

（五）学会做事做人的基本要素

1. 顺应良好的个性习惯

大学生有不同的生活经历和个人习惯。教导学生辨别好习惯和坏习惯，然后帮助他们纠正不良习惯是一项重要的工作内容。美国政治家富兰克林的做法是，开列一个坏习惯清单，按程度排序，下决心一个一个地改掉，每改一个划一个，直至划完为止。良好的习惯应该被巩固和保持。例如，在学习方法方面，有些人通过阅读获得最大的收获；有些人是聆听者，他们通过倾听获得最大的收获。不管是哪一种学习方法，都是有益的，重要的是学生自己更适合哪一种。

2. 合理利用时间

微软公司创始人比尔·盖茨就把自己的成功归于抓住机会并学会合理利用时间。大学生的最大优势在于年轻和精力充沛。合理利用时间，就是要充分利用学生的业余时间和有限的精力来获取知识和技能。教育管理工作者需要帮助学生掌控不同类型的时间。第一种是他控时间，如学校安排上课的时间、进行实验的时间。第二种是自控时间，即学生可以自由支配的时间。

3. 借助他人的力量

通常情况下，一项任务的成功取决于多个方面的协同作用，而学生应该认识到自身的能力是具有一定的局限性的。因而，学生需善于借助他人的力量共同完成任务。深知一个人的力量有限，但是众人的力量是无穷的，即聚沙成塔，众人拾柴火焰高！

（六）高校学生实行自我管理的实践途径

1. 改变传统的管理观念，加强对“自我管理”的认识

随着高等教育的日益普及，高校教育管理也正在暴露出一些问题。传统的教育管理模式一直采用的是一种强制性的管理模式，导致学生只能遵守学校的规章制度，无法实现自我的发展。部分学生管理人员，包括班主任、辅导员每天都在忙于日常事务，或从事自己的工作，没有时间去了解学生的思想动态，不知道学生的真正需求，把握不了教育管理工作的关键所在；对于学生工作，学校领导缺乏重视，总是忙于琐碎的学校事务，而忽视了对教育管理工作的关注；很多高校都会建设新的校区，却不重视后续的管理工作。随着时代的不断发展与进步，传统的高校管理模式已经不再适用。因此，首先需要改变学校教育管理者的观念，建立以学生为中心的自我管理理念。

2. 创造大学生自我管理的环境，实行有效的自我管理

环境的作用对一个人的发展是有很大影响的。环境由人和物组成。大学生是学校中最重要的群体之一，他们是推动文明校园建设的核心力量。只有让学生自我管理发挥最大的作用，高校才能建成文明校园，培养出优秀的大学生。在学校里，学生有大量时间在宿舍活动，宿舍是大学生主要的生活场所，因此创造出良好的宿舍氛围至关重要。有一个舒适宜人的宿舍环境对于大学生养成自我管理能力具有非常重要的促进作用。此外，教室是学生学习的地方时，学生在教室内学习，必须遵循的最基本的规则就是保持教室安静。

3. 制定大学生自我管理的制度，引导大学生进行自我管理

为了确保大学生能够有效地进行自我管理，必须建立相应的规章制度作为指导和规范。自我管理并不等同于完全自由，而是需要建立一些规章制度以确保最基本的准则得以遵守。否则，就难以对大学生的成长方向有所把握，同时也偏离了高校人才培养的核心目标。因此，建立相关的制度，有助于引导和规范大学生自我管理。

总而言之，要有效地实现大学生的自我管理，全体高校师生需要认识到自我管理的重要性和必要性。在教育管理工作者的指导下，在一些相关制度的规范的基础上，学生需要充分发挥自身的潜力，提高自我控制能力，在自我管理中实现全面的、可持续发展。

二、改变学生的思想观念

（一）价值观念的多元趋向

1. 价值取向的多元化与功利化共存

目前高校学生需要应对来自国内外各种政治、经济、文化思潮的挑战，同时也必须适应“供需见面”“双向选择”的新形势，在这种情况下，他们需要做好自我推销；社会的现实和教育与职场的转变让他们深刻认识到自己的价值观需要变得更加多元化。这尤其在就业选择上表现得特别明显，他们已充分认识到需要通过多种途径实现个人价值，无论是在国内发展，还是去国外留学，都是很好的选择；可以选择在政府机构、国有企业工作，也可以在私人企业工作或自行创业。大学生的价值取向更加多元。

同时，随着社会经济活动的日益复杂多变，大学生越来越注重对个人利益的关注和思考。许多大学生会选择就业前景好的专业，通常展现出显著的利益诉求。不论选择何种专业，他们的价值取向普遍呈现出功利化倾向。

2. 价值主体的自我化与社会化共存

改革开放以来，高校学生在积极弘扬进取精神的同时，逐渐提高了自我认知能力，增强了自我意识。他们不仅同意个体社会化的理念，而且认真审视和重视

自我的价值，并推崇价值主体的自我发展。他们相信在竞争激烈的社会中，应该积极发挥自己的能动性和独立性，以实现自身的人生价值。在社会生活中，他们注重培养和发展自己的能动性、主体性、积极性、独立性，并期待在竞争中展现出自己的独特之处。目前，高校学生普遍支持“以自我为主体”的人生价值观，他们强调“自我设计”“自我成才”和“自我实现”，而且这些观念已经深入其心。鉴于此，大学生的思想和行为会常常面对自我化和社会化的矛盾，常常会表现出身处社会浪潮中的无奈，而在看待问题时更倾向于从个人角度出发。从这一点来看，从某种程度上其价值取向是以自我为中心向多向辐射。

3. 价值目标的理想化与短期化共存

所有进入大学的学生，都抱有美好的期望和对未来的向往。他们非常关注社会政治和经济领域的变革，旨在实现自己的理想。这种关注存在一种倾向，即更注重眼前的个人收益，缺乏长远的战略思考，并表现出急于求成的心态，缺乏对社会变革和自身发展的深入思考。有些学生重视能够直接应用于生产和经营的专业知识，对于实现远大理想所必需的基础理论知识则经常被忽视。有些学生则重视培养自身的社会活动能力和社交能力，忽视其他方面的素质培养。尽管他们追求理想化的价值目标，但他们的行为却更加短期化。

（二）是非标准的多元趋向

改革开放以来，高校学生的道德标准、成功标准和失败标准均发生了重大且深刻的变化，不再局限于过去单一、纯粹的观念。西方各种思想的不断涌入，进一步助长了这种趋势。学生的观察力敏锐，但对事物的了解比较单一；虽然有强烈的求知欲，但区分事物的能力较差，对于真伪难以把握；并且他们在面对多种观点时，往往表现出摇摆不定的态度。非标准的多元趋向还突出表现在大学生榜样模式的多元化。有的学生易受先进人物和榜样的影响，而且他们更愿意将与自己的价值观、信仰和兴趣相同的知名人士视为自己的榜样。

（三）思想情感的多元趋向

高校学生思想情感的多元趋向集中表现为思想情感的多向、多层次状况，这种思想观念的多元趋向均有其产生的客观经济基础和社会基础。从某种意义上说，大学校园里思想观念的多元趋向，正是社会深化改革、新旧体制更替所引起的社会思想在高校的集中反映。存在决定意识，在社会主义初级阶段，多元经济体制、多元经济利益、多元经济分配方式的共存，无疑将使人们的思维方式向多元方向发展。高校学生的价值观念、是非观念和思想情感自然难免不呈现出发散型的多元状态。

高校学生思想情感多元趋向的客观效果具有双重性：一方面，反映出高校学生的思想情感随着社会主义市场经济的建立得到了极大的启迪和更新，优胜劣汰观念、自主自立观念、效益效率观念、民主与开拓精神在高校学生中得到了确立和张扬，使他们对改革开放和我国的社会主义现代化建设事业更加充满了信心，这无疑是积极的有益的效应。另一方面，思想观念的多元和无序则可能导致高校学生的无所适从。无论是价值观念、是非标准，还是思想情感，在根本上只能是一元而不能是多元。否则，“自我”意识的恶性膨胀将导致个人主义，功利意识的盲目发展会形成功利主义和享乐主义，是非标准的多元和思想情感的多向，会使其政治、道德乃至整个人生的成长与培育失去思想基础和方向目标。

三、提高大学生的参与程度

大学生参与高校管理，既是其作为教育消费者与接受者的重要权利，又是其保障自身利益的合法权利。与西方国家相比，我国高校中的学生参与既存在学生主体地位被忽视、学生参与能力遭质疑和学生个体意识淡薄等理念性障碍，也存在行政管理机构中的边缘化、学生自治组织中的虚无化等制度性障碍。为更好地促进与提升高校管理中的学生参与，需要更新学生参与高校管理的观念，完善学生参与高校管理的机制和提升学生参与高校管理的品质。

（一）学生参与高校管理的特征

学生参与高校管理，既是学生作为教育消费者的重要权利，又是学生保障自身正当利益的合法权利，尽管这一理念已成为欧美等国的高校广泛认同与实践的共识，但其在我国还处于初步发展阶段。

1. 学生参与高校管理的基本内涵

关于学生参与高校管理的内涵，典型的有“全面参与说”和“部分参与说”两种。然而，学生身心发展水平的差异性及学校本身所固有的管理职能，决定了学生参与学校管理是以促进学生主体性发展为前提的，所以学生参与管理更多的是从学校的教育教学活动、校园文化建设和学生学校生活等方面来强调其主体地位和作用，促进其主体性的发展并提升学校管理的科学化水平。也就是说，学生参与高校管理的本质既是高校管理工作中的一个重要环节，又是高校学生教育的一种重要手段。

2. 学生参与高校管理的实现形式

在我国，学生委员会（学生会）是高校最基本、最普遍的学生组织和学生参与高校管理的机构，是学校和学生之间相互沟通的桥梁和纽带。学生会的基本原则是坚持服从党的领导和维护学生利益的一致性，因此学生会既要关心和维护广大学生的利益，又要兼顾党和国家的利益。学生会通过一定的渠道和途径参与学校的日常管理，参加有关对学校工作的监督和评议。根据《中华全国学生联合会章程》规定，学生会的基本任务之一就是“沟通学校党政与广大同学的联系，通过学校各种正常渠道，反映同学的建议、意见和要求，参与涉及学生的学校事务的民主管理，维护同学的正当权益”。作为学生自我管理的组织机构，学生会在理论上既是学生参与学校管理的主要途径，又是学生进行自我管理的重要组织。

（二）学生参与高校管理的策略探析

1. 重视“学生权利”，更新学生参与高校管理的观念

支持和促进学生参与高校管理，在本质上是尊重学生作为消费者与受教育者的合法权利与合理诉求。受传统的思想观念制约，大部分高校管理者认为以大学生的现有能力和素质还无法胜任复杂的管理工作，所以在保证学生参与高校管理的方面通常持相对保守的态度。从人才培养的角度看，支持学生参与学校管理是促使人才全面发展、培养学生民主意识的重要手段；从学校科学化管理的角度看，支持学生参与学校管理又是促进服务水平提高的必要途径，毕竟“积极的顾客参与可以提高服务质量和顾客满意度”。学生是学校服务的直接体验者，吸纳学生

直接参与到学校管理当中，不仅可以使学校的管理更有针对性，还能够加强学生的自我管理。因此，高校管理者需摆脱传统的“替代家长”观念，重视大学生在高校中的主体性地位，尊重学生参与高校管理的合法权利，信任大学生的认知和判断能力，赋予他们更多更高层次的管理决策权利。

2. 赋予学生权利，完善学生参与高校管理的机制

通过构建与完善相关的学生参与机制，更多地赋予学生参与学校管理的权利，是未来高校管理体制改革的重要趋势之一。

（1）构建并完善高校教育管理听证制度

近年来，听证制度在我国法治建设过程中发挥了举足轻重的作用，把听证制度引入高校，使其作为保证学生参与学校管理的制度保障，已经引起了人们的广泛关注。目前，我国各高校纷纷建立教育管理听证制度，探索与学生成长需求相适应的学生参与学校管理制度体系，保障学生参与学校管理的合法权利。例如，2012 年厦门理工学院就成立了由学生代表组成的学生听证委员会，实行“学校怎么做，先听学生怎么说”的做法，让学生“真正参与到学校管理当中，而不是机械地执行学校下达的命令”。

（2）完善学生参与高校管理的规章制度

建立和完善学生参与学校管理的规章制度是学生参与学校民主管理和高校依法治校的制度保障。近年来，国内各高校积极探索推进大学生参与民主管理的途径和办法，努力为保证学生参与学校民主管理提供有力的制度保障。

3. 优化“学生参与”，提升学生参与高校管理的品质

促进学生参与高校管理，不应仅仅停留在低层次、低水平的“形式阶段”，而应致力于层次的提高和品质的提升，达到有效、积极和高水平的“实质阶段”。

（1）提高大学生参与高校管理的层次

参与高校管理可分为三个层次，初级层次以行使知情权、监督权和建议权为核心，中级层次以行使行动权、咨询权和评议权为核心，高级层次以行使决策权、表决权和投票权为核心。目前我国大学生参与学校管理的途径和方式还主要集中在初级层次或者中高级层次的初级阶段，如高校普遍设置的校务公开栏、校长信箱、校长接待日及实行的学生助理制、学生评议制等，都只停留在知情权、监督

权、建议权等初级阶段和层次。学生组织、学生干部参与管理也仅仅停留在宿舍、食堂等生活服务管理层面，对学校重大方针的决策根本无从参与。鉴于大学生身心发展的特殊性及群体功能的特殊性，学生参与高校管理的范围和程度可以是有限的，但学生作为学校主体参与学校各个层次管理的权利却是不可忽视的。高校应充分尊重学生参与学校重大决策领域管理的权利，让学生真正享有“参政议政”的权利。

（2）创新大学生参与高校管理的方法

随着网络技术的成熟及高科技产品在高校的广泛应用，学校可以充分借助当前先进的技术和科技手段拓宽学生参与学校管理的渠道。例如，南开大学就通过开设“小开”微信平台来专门用于校园信息咨询、交流和反馈等事务，学校不仅能够用它发布各种公告信息，还可以将其用于向学生征集各方面的提案和意见，成为“随时随地任何学生”参与学校事务管理的一种新的便捷途径。此类形式创新与方法创新，能够打破以往学校管理工作在时间和空间上的限制，提高管理工作的效率，使学生参与学校的管理更加人性化和现代化。

第三节　环境层面

一、营造健康积极的高校教育管理大环境

随着数字技术、互联网技术、移动通信技术等新兴技术的不断发展，以手机网络、微博客、即时通软件等为代表的新媒体技术对高校网络文化的构建和管理产生了深远的影响。高校在构建一个健康文明的网络环境上，面临着手机与互联网互动、互联网络、手机网络、电视网络“三网融合”等新媒体环境所带来的全新挑战。同时，也迫切需要解决一个问题，即高校如何建立一个积极向上的校园网络文化环境、如何利用新兴技术推进高校新闻网的创新发展及发挥其优势、如何让网络环境中充满正能量的思想文化。

随着网络信息技术的飞速发展，网络文化建设已经成为社会热议的话题，也成为教育管理工作者积极参与的一个重要领域，随着上网人数的增加，网络文化

业态的发展趋势也越来越多样化，同时对学生的学习、生活产生的影响也日益显著。高校的网络管理中心是学校网络运营的主要支撑平台，同时也是防范不法分子利用网络破坏学校稳定的重要堡垒，不仅能将学校的风貌通过网络管理中心展现出来，还能在网络中心上发布信息。因此，高校要想建设一个健康、文明、和谐发展的校园网络文化，需要在五个方面进行创新探索和实践，这是一条行之有效的路径。

（一）加强学校网络文化工作队伍建设

随着数字化时代的到来，人们面临着大量信息轰炸，因此网络思想政治教育的重要性、紧迫性就逐渐显现了出来，当下高校最为紧迫的任务是建立一支拥有较高素质的网络文化工作队伍，同时要求这支队伍的思想文化教育理论水平要高、经验要丰富，还要能熟练地利用计算机网络开展思想文化教育工作。为了文化更好地开展网络文化教育工作更好地展开，还需要加强高校网络文化教育工作能力的建设，要在抓好各种网络文化形态工作的基础上，准确把握学生的思想动态，同时要适时对学生进行心理辅导与思想引导，将思想文化教育渗透学生的生活中。为加强校园网络文化队伍建设，必须合理配置各类专兼职人员，包括网络专业技术人员、网络管理人员以及网络文化研究人员，以确保队伍建设的全面性和有效性。要以提高素质、优化结构、改进作为为重点，建立一支能统一指导、责任明确、各方配合和优势互补的网络工作队伍。通过这支队伍建立一个绿色网络校园。以多种方式关注网上动态并时刻与广大学生平等地交流和沟通，以便及时解决学生们提出的问题，培养大学生的信息解读能力，指导大学生用辩证观点、科学方法去分析问题、辨别是非，加强网络文化辨别力，抵御不良信息，养成健康的上网习惯。

（二）提高学生的文化素养、自我调节与管理能力

培育与提升大学生自觉抵制有害信息的意识与能力，对加强网络思想阵地建设有着基础性意义。一是让学生成为自己的心理医生。青年学生情感丰富且易浮躁，所以应学会保持健康情绪，及时发泄不良情绪，寻求理性表达诉求，避免对网络游戏过分痴迷。二是让学生学会规划人生、构建合理的生活秩序。现在很多

大学生生活自理能力较差，有些人很难适应高校集体生活；部分学生不懂得如何构建良好的人际关系，而不良的人际关系还可能导致学生逃避现实，沉迷网络。三是培养学生的道德自律意识。学生阶段正是形成人生观与世界观的重要阶段，因此引导学生在网络社会中自觉遵守行为准则，增强学生的网络道德观念是十分重要的。为了提高大学生的网络自我教育能力，可以举办一场关于网络游戏道德方面的座谈会，鼓励学生参与其中，自由探讨网络道德失范所带来的社会危害，从而达到预期效果。

（三）营造积极健康的校园文化环境

学校应当有意识地策划并实施网络信息安全方面的科学研究，运用先进的技术手段对网络上的有害信息进行处理，积极营造一个健康向上的校园文化环境，以此来充实学生的业余文化生活。首要之务在于以学生为中心，积极展开充满青春活力的文化娱乐活动，不遗余力地吸引学生的注意力。其次，对于那些沉迷于网络游戏的学生，学校应该给予他们无微不至的关怀和帮助，并创造一个积极向上、健康有益的学习和生活环境。

（四）加大网络监管力度，有效管理网络文化

首先，对校内网站进行监管。在校园网络文化监管中，网站留言板和网络论坛是网站互动交流的重要方式之一，为用户提供了便捷的信息发布渠道，因此成了备受关注的焦点。现今，留言板和网络论坛技术已经实现了实时记录发布者的用户名、发布时间、上网计算机 IP 地址，以及上网计算机所安装的操作系统和浏览器版本等相关信息的功能。通过这样的方式，不仅可以确保学生所发布的信息有据可查，同时也能够有效地约束学生的自我行为。

其次，对校内上网场所进行监管。一般而言，高校的公共计算机房、电子阅览室、学生机房、学生宿舍和网络实验室等场所可以上网。在公共上网场所，使用机房管理系统软件可以对上网计算机进行管理，学生可以凭借学生证进行上网登记，有条件的高校也可以使用校园 IC 卡进行刷卡上网。机房管理系统软件可以记录上网时间和计算机的 IP 地址。学生在宿舍上网也可以采取一些手段进行管理，如分配固定 IP 地址、绑定网卡 MAC 地址，也可以安装一套宽带认证计费系

统软件。使用账户和密码登录网络并接受软件的管理，是上网者实现上网操作的必要步骤。通过实施技术上的管理措施，并结合网站对信息发布者相关资料的记录，可以轻松地找到发布信息的人。

最后，对校内网络信息进行监管。为了有效遏制校外网络不良文化的传播，可以在校园网关处采取信息过滤措施，以确保校园内的网络环境不会受到不良影响。

（五）以学生为本，创新高校网络思想政治教育

高校要想加强大学生的网络思想政治教育，重点是要做到以学生为中心，充分尊重学生的主体地位，还要增强大学生对网络的驾驭能力，同时在知识积累和能力锻炼的过程中，提高大学生的思想道德水平，以促进大学生全面健康发展。具体而言，应做好以下几个方面的工作：一是高校要在网络环境下，需要对道德教育的目标进行重新定位。要以疏导为主要方式，以理解、信任、尊重为原则，积极发展学生的主体性，培养学生形成正确的道德观念，使学生成为网络道德的自觉倡导者和积极实践者。二是对道德教育内容进行重新构建。网络可以作为德育的手段，也可以作为德育的内容。在学校网络德育的基础上，强调价值观的灌输和道德意志力的培养，以培养学生“辨别真假、追求真理、审慎判断”的能力，提高他们识别、评价和选择道德信息的能力，同时抵制不良信息的诱惑。三是建立专门的思想政治工作网站。为了满足思想政治教育科学化、技术化、时代化的紧迫需求，高校需要建立一个专门的网站，以做好思想政治工作。在网络文化中，建立一个包含德育信息的数据库，并提供网上“两课”答疑和辅导服务，需要注意的是，在网络文化中要坚持马克思主义的指导地位。

二、与校园文化建设有机结合

高校的校园文化是以学生和教职员工为主体，以多学科、多领域的文化为基本形态，以课余活动为主要内容，以校园为空间，具有社会时代发展特点的群体文化。校园文化是高校独有的精神风貌，是社会主义精神文明在高校中的具体体现，同时也能反映出学生的政治文明素养、道德品格情操。总的来说，高校校园

文化是在特定的校园环境中形成的，是具备校园自身特色的人文氛围、生存环境和校园精神，是以教师为主导、以学生为主体的文化，同时还与社会时代发展紧密相连。

（一）校园文化与教育管理的基本内涵

1. 校园文化的内涵

在长期的教学实践中，全体师生员工共同形成了一套道德标准、价值观念和行为规范，这些规范是构成校园文化的基石。校园文化以校园为主要场所，以学生为主体，以精神文化、环境文化、行为文化、制度文化建设为核心内容。校园文化的根基在于其所处的环境文化，这一文化环境由“硬环境”和“软环境”两个方面构成；校园文化的精髓在于其所蕴含的精神文化，其中包含校风、学风、教风、作风等多个方面；师生员工的言谈举止是行为文化的具体体现，其中包括各种人际关系和道德行为规范等方面的内容；校园文化建设和学校正常运转的保障在于制度文化，其中包括各种规章制度，如班规、校规、宿舍管理规定、社团规章制度等。校园文化还有多个方面的功能，分别是教育功能、陶冶功能、导向功能、约束功能和凝聚功能。这五大功能影响着学生生活和学习的全过程，同时对学生的健康发展也起着引导作用。

2. 教育管理的内涵

教育管理就是高校教育管理工作者为了维护高校教学秩序和学生生活秩序的正常进行，而采取多种方式对学生在学校中的学习、生活及行为等方面进行管理与调节，确保学生身心健康和德智体美劳等方面的发展。2017 年 9 月 1 日实施的《普通高等学校学生管理规定》中表明高校教育管理包括学籍管理、学生的权利与义务、奖励与处分、校园秩序与课外活动、学生申诉等诸多方面。其中，学籍管理包括入学与注册、考核与成绩记载、转专业与转学、休学与复学、退学、毕业与结业；校园秩序包括学生行为规范、环境卫生维护及其他规章制度；课外活动包括各类社团活动、勤工助学及社会实践等；奖励主要指对在思想品德、学业成绩、科技创造、体育文娱及社会服务等方面表现突出的学生给予的物质或精神上的奖励或表彰；处分是针对违反学习和生活纪律的学生实施的惩罚，包括警告、严重警告、记过、留校察看、开除学籍。另外，在高校教育管理工作不断革新的背景下，各高校更加重视为学生提供服务，绿色通道、就业服务和心理辅导已经成为高校学生管理工作中的重点内容。

3. 校园文化对教育管理的重要意义

校园文化和教育管理之间存在着紧密的关联。具体表现在两个方面，一是二者的目标是相同的。校园文化和教育管理均是为了育人而存在，其目标是为了向社会输送高素质综合型人才。二是二者的主体是相同的。校园文化和教育管理都是以学生为主体，在校园文化的建设中，学生既是参与者也是受益者；在教育管理中，学生是学生管理工作的中心。由于校园文化和教育管理在提升学生综合素质、培养复合型人才等方面所发挥的作用是相同的，因此加强校园文化建设能够促进教育管理工作的改进和革新。学生思想与行为内容得到了延伸，新时代教育管理与“学生本位”教育思想密不可分。发挥学生主观能动性对学校与学生发展，以及校园文化建设都有很大帮助。因此，广大教育管理工作者必须接受和运用先进的教育理念，包括但不限于“一切为了学生，为了学生的一切”“尊重人格，保护本性”等。校园文化的塑造离不开以人为中心的教育环境和氛围的营造。校园文化，作为一种群体性文化，经过漫长的沉淀和升华孕育出了人们共同奉行的价值观、行为准则和崇高追求。学生的思想和行为深受校园文化的引导和熏陶，这种潜移默化的影响是不可忽视的。学生在特定的文化背景下接受熏陶，并逐渐形成了健康的人生信念和价值追求。

（二）构筑良好的校园环境文化，为高校教育管理提供物质保障

教育管理的根本目标在于为学生服务，而要实现这一目标，必须先为学生打造一个有序、优美的校园环境。高校所提供的校园物质文化环境，是为了满足师生员工在学习、工作、生活、娱乐等方面的物质需求而形成的。首先，高校的物质文化环境是校园文化的“硬件”，同时也是教育管理工作的基础条件，缺乏良好的校园物质文化环境，高校校园文化将无法得到健康的发展，高校教育管理工作也将缺乏相应的物质支持。比如，当学校有着优美的环境和迷人的景色时，我们可以通过这些自然美的景观来熏陶学生的情感，塑造他们美好的内心世界。校

园文化氛围可以通过布局、宣传栏、名人塑像、花草树木等来体现，同时也会对学生产生潜移默化的影响。这些景观所蕴含的“亚文化”，涵盖了建筑文化、历史文化、艺术文化、现代科技文化等多个方面，呈现出一种独特的文化面貌。校园所呈现的“亚文化”与其整体建筑所形成的景观相得益彰，使得校园处处弥漫着浓郁的文化氛围。通过塑造一个整洁、优美的环境，学生不仅能够约束自己的行为，同时也能够提升自身的人文素养，从而推动高校教育管理工作有效开展。其次，高校需要关注知识学术环境，它涵盖了学术科研、教学管理、学风建设等多个方面的条件和情况。知识学术环境不仅能衡量高校校园文化建设的优劣与管理水平的高低，还能对育人的质量产生影响。最后，高校的人际关系环境主要包括学生之间、师生之间、教师之间、领导之间的关系，优良的人际关系可以让人保持一个良好的心理状态，只有构建和谐的人际关系，才能提升教学质量、便于管理、利于学生健康成长。

（三）营造健康积极的精神文化氛围，为高校教育管理提供精神动力

高校在建设校园精神文化环境时，要在各项教学及校园文化活动中坚持正确的政治方向，坚持以主义、毛泽东思想、邓小平理论、“三个代表”重要思想、科学发展观、习近平新时代中国特色社会主义思想武装学生头脑，引导学生形成正确的世界观、人生观和价值观，继承与弘扬中华优秀传统文化，增强理念信念，倡导奉献精神。这不仅能增强学生的民族自信、自尊和使命意识，还能激发学生的爱国情怀，塑造学生健全的人格和高尚的道德情操，提升学生鉴别错误思潮的能力。还要在符合高校培养目标和学生实际情况的基础上，开展第二课堂，让学生以文化和艺术为中心合理安排闲暇时间，还要注意将各种活动融入教育管理工作，让学生在活动中充分实现自我价值，这对培养学生健全的人格和创新能力有着十分重要的作用。因此，高校学生工作科学管理的愿景实现，必须建立在一种良好的精神文化氛围之上。

（四）创建科学的制度文化，促进高校教育管理和谐有序

高校的校园文化是社会整体文化的重要组成部分，必须通过科学的引导和规

范，建立起科学的制度文化体系。高校教育管理的规范化和制度化建设需要在各种制度和规章的约束下进行，这些规章制度能够有效地约束教师的教学行为、培养学生的行为规范，并促进校园健康向上的文化氛围的形成，从而推动高校教育管理工作和谐有序发展。高校的制度文化主要有公共生活准则、业余及课余活动准则、道德行为规范、校规校训等。学校规章制度的制订与完善需要根据学校的实际情况，在校内党委和行政的领导下，学校各部门要积极配合、统筹协作，使校园生活更加规范化与制度化。

（五）校园文化建设促进教育管理工作的基本途径

1. 加强校园环境文化建设，提升服务学生能力

校园环境文化也是校园物质文化，校园环境文化作为校园文化的基础系统，它不仅是校园文化建设的前提，更是精神文化的有效载体和实现途径，同时也是校园文化的直观展现。

（1）重视校园“硬环境”的建设

学校的教育理念和精神风貌在校园建筑、校园景观、教学设施、体育文娱设施及周边环境等实体中得以体现，这些实体被称为“硬环境”或“物质环境”，是开展育人活动不可或缺的基石和物质保障。因此，学校要大力投入“硬环境”的建设，以此来完善校园的基础设施，为教师和学生的教、学、休闲活动提供多样化的载体。在校园“硬环境”的建设过程中，各类建筑和设施应当符合美学教育的标准，同时还要具备丰富的功能，如教学楼、图书馆、宿舍楼、体育馆等，这些场所不仅是学生学习和生活的重要场所，更是兼具实用和艺术的双重功能，为学生的身心带来愉悦，潜移默化地影响着学生。在校园景观建设中，必须实现使用和观赏功能的完美融合，以达到最佳的整体效果。校园中的人文景观，如林、路、水、石等，不仅能使学生的心灵得到净化，还有利于学生身心健康的发展，激发学生的进取精神。在优美的校园环境中，学生得以茁壮成长，这不仅能够激发他们对学校的热爱之情，同时也有助于教育管理工作的顺利实施。

（2）重视校园“软环境”建设

“软环境”是一种精神环境，主要涵盖了校园内的人际交往和舆论氛围等方

面。校园内的人际关系主要是教师与学生、学生与学生、教师与教师、领导与教师之间多层次的人际互动。在大学这个小社会中，没有孤立存在的个体，每个人都扮演着不可或缺的角色，大学生的学习和娱乐活动都是在与他人互动的过程中得以实现的，而社会交往则是他们社会化的根本途径。通过社会交往，学生形成了相对稳定的人际关系，人际关系网络强烈地影响着学生的言行，也影响着他们的身心发展。融洽的人际关系有助于维护学校的秩序，并使学生形成明辨是非的能力。因此，在塑造学生人际关系的过程中，教师应扮演主导角色，以避免学生出现孤僻、嫉妒、自卑等社交问题，并正确引导学生坚持平等、理解等交往原则，远离那些习惯不良、思想扭曲的人，选择向那些道德高尚、内心善良、积极进取的人靠近。教师作为学生发展及其学习发展及其学习状况的裁判员，应当秉持公开、公平、公正的原则，以消除学生之间的矛盾和误解为己任，确保不偏袒任何一方。

2. 加强校园精神文化建设，营造和谐育人氛围

（1）重视传统教育

党的十八届三中全会通过的《中共中央关于全面深化改革若干重大问题的决定》中提出：“全面贯彻党的教育方针，坚持立德树人，加强社会主义核心价值体系教育，完善中华优秀传统文化教育，形成爱学习、爱劳动、爱祖国活动的有效形式和长效机制，增强学生社会责任感、创新精神、实践能力。”中华优秀传统文化是中华民族的根基和血脉，同时也是大学生身心成长的指路灯。高校教育工作者应当秉持“取其精华，去其糟粕”“传承与创新相结合”等原则，通过各种教学和文化活动，如实践教学、演讲比赛、征文大赛、文艺汇演等形式，传承和弘扬优秀的传统文化。同时，为了使学生能更好地感受学校的魅力，教师可以深入挖掘学校的文化底蕴，向学生讲解学校的历史，从而激发学生的自信心以及热爱学校的情怀。教育管理工作者唯有秉持着与时俱进的理念，将先进的教育理念融入其中，才能不断深化校园精神文化的内涵。学生在中华优秀传统文化的熏陶下，不仅能够塑造健全的人格，更能够培养高尚的品格，这与学生管理工作的宗旨不谋而合。

（2）加强校风建设

校风就是学校的风气，具体体现在全体师生的精神风貌上，同时也是学校的

鲜明特征。校风是一个具有多层次、多要素的动态系统结构，其中涵盖了教风、班风、学风、舍风等多种类型的校园风气。学生的思想品德、道德情操和行为习惯的塑造离不开良好校风的塑造。因此，塑造良好的校风是培养人才的至关重要的一环。加强师德建设、提升教师的专业素养有助于塑造优良的教风。学生的知识吸收和能力培养，离不开良好的教风所带来的深远影响。学生能够在班级中获得知识和提高素养。良好、和谐的班集体能积极促进学生道德品质、行为习惯和优良学风的形成。为建立良好的班风，必须对班级的日常管理进行严格的规范，以约束学生的言行；我们还要营造一种浓郁的学习氛围，通过相互协助、表彰杰出等方式激发学生的学习热情，培养学生良好的学习习惯，让每个学生都成为群体的楷模。此外，学生的学习和生活离不开宿舍，因此需要建立一个优良的舍风，促进学生养成良好的生活习惯，如早起早睡、勤奋上进、锻炼身体、读书看报等。为了加强宿舍环境的建设，必须对宿舍制度进行严格的监管和规范，以确保不遵守规定的学生得到有效的管教和约束。同时，还要借助学生干部和学生党员的榜样力量，引导学生养成健康的生活习惯。

3. 加强校园制度文化建设，建立完善规章体系

（1）完善规章制度体系

校园规章制度是全体师生共同遵守的行为准则。对于学生而言，规章制度犹如一面明镜，时刻提醒他们正确地规范自己的行为；对于学校来说，一套严谨的规章制度可以确保各项工作有条不紊地推进，也是促进学生成才的重要保证。随着高等教育改革的不断深入，高校的制度建设也应朝着人性化、科学化的方向发展，尊重学生的人格，倾听学生的需求，构建和谐的师生关系，从而更容易地开展教育管理工作。制定规章制度时，必须考虑其科学性、合理性和可操作性等多方面因素，以确保其有效性和实用性。充满漏洞的规章制度不仅无法实现约束与教育的作用，还会影响校园文化的整体建设。规章制度的完善是确保教育管理工作顺利推进、规章进入执行程序的先决条件。

（2）提高规章制度执行力

教育管理工作的成效取决于学校规章制度的执行效力，因为规章制度的有效实施是教育管理工作的基石。学校各项工作的顺利开展离不开科学成熟的规章制

度，然而，即便是最成熟完善的规章制度，如果无法进行有效的执行其也无法落到实处。因此，提升规章制度的执行力是确保各项制度得以有效实施的根本手段。在执行规章制度的过程中，教育管理工作者应当采取预防措施、控制措施和监督机制，以确保规章制度的有效执行。通过采取事前预防措施，可以有效避免违纪行为的发生，同时降低管理成本和减轻管理压力；通过实施事中控制，可以确保制度的严谨性，使其在遵循公平、公正原则的前提下运行，从而有效避免事态偏离正常轨道；通过对制度执行者和执行情况进行事后监督和考核，我们可以不断完善制度体系，从而使其更加科学、合理。除此之外，应不断加强学生的思想政治教育工作，引导学生深刻认识到遵纪守法的重要性以及违法乱纪所需承担的责任，积极倡导学生自觉遵守规章制度，培养自尊、自爱的良好品格，使每一个学生都能成为遵纪守法、道德高尚、素质优良的“时代楷模”。

第四节 体制建设层面

一、加强法治建设

（一）当前我国高校教育管理工作中存在的问题

1. 规章制度导致的纠纷问题

我国的普通高校是在行政机关委托或教育法的授权下，行使国家公权力的组织。普通高校可以根据相关规定，对受教育者采取相应的管理措施。然而，法治社会必须确保公民的权利得到充分保障，否则会产生相互冲突的情况。目前，我国高校的管理制度是在结合本校的实际情况下，依据法律制定的，并未设立专门的审查部门。学校的自主管理机制实际上是一种法律赋予的权力，以确保学校在内部事务处理中实现其组织目标。由于教学活动的独特性质，许多问题难以进行量化处理，如综合素质等，这需要进行定性分析才能进行综合判断。

2. 行政本位思想普遍

由于长期受到计划经济管理体制的影响，高校管理人员和教师在处理与学生权益相关的问题时，往往采用命令和行政手段，而很少有依据法律来解决教育教学中出现的问题的情况。随着市场经济的蓬勃发展，学生与学校、教师与学生之间的关系变得错综复杂，高校学生维权案件的数量也不断攀升，这无形中将学校引向了法治化的发展之路。

3. 法制化管理理念缺乏

随着当前高校管理工作的推进，高校管理者逐渐形成了一种以行政管理为主要手段的管理模式，其管理形式过于强调统一化，并对学生实施绝对的领导。这种管理方式未充分考虑到学生的合法权益。当前高校管理模式中，相关管理者没有完备的法治化管理理念，认为学生应当无条件服从学校的领导，在学生管理和解决学生之间的矛盾方面，相关管理者也未走合法渠道。此外，目前大学生对法律的认知程度尚待提高，未能充分利用法律手段维护自身的合法权益。这也是导致学校行政管理部门长期存在的一个重要因素。

（二）高校教育管理工作法治化建设的必要性

推进高校教育管理工作的法治化建设，是当前建设和谐社会、促进高校学生全面健康发展的重要举措。

1. 是完善高校法制教育体系的重要措施

在社会生活中，法治是学生在接触和融入社会的过程中必然会接触到的一项社会内容。然而，就高校的教育现状而言，法治教育并未得到足够的重视，这直接或间接地导致了当代大学生法律知识匮乏。因此，推进高校教育管理工作的法治化建设，有助于填补高校法治教育的空缺和漏洞，从而为学生的健康成长提供有力保障。

2. 是促进学生全面发展的重要内容

在法治社会中，职场人的生存和发展离不开法律制度的支撑和保障。学校作为培养国家栋梁之材的重要阵地，对其进行法治宣传与素质教育尤为重要。推进高校教育管理工作的法治化进程，为学生开启了全新的视角，让他们从法律的角度审视社会和社会运行的本质，不仅有助于学生成为全能型人才，同时也能促进他们树立正确的世界观、人生观、价值观，有助于他们顺利融入社会。

3. 实施法治化管理是学校进行管理体制变更的内在要求

在社会经济体制不断发展与完善的背景下，高校也在随之变化，由传统计划体制下的单纯的公益性事业单位变为了公益性与产业性的综合性教育实体。当前高校作为一种独立的事业性法人，享有自主办学的权利；学生同样也享有自主选择心仪院校和专业的权利。为了确保学生能够顺利完成学业，学校应当提供相应的学习条件和服务；同时，学生应当严格遵守学校所制定的相关规章制度。若学生违反学校的规章制度，学校有权对其实施相应的惩罚措施。在高校内部管理体系日趋完善和高校后勤社会化步伐加快的情况下，学校不再用管理者的姿态对学生进行管理，而是按照规范化的标准对学生进行管理。社会化后勤体系主要体现在开放式管理模式上，为了使大学生能够与学校后勤服务社会化管理相协调，达到学校最终教育目标，以及学校管理模式与社会发展形势相协调，就必须对学生实施法治化管理。

4. 高校办学方向的自我要求

高校在社会中扮演着不可或缺的角色，其科学技术的发展和文化知识的传播对于我国的法治化建设具有直接而深远的影响。在我国推进社会主义法治化建设的过程中，全体公民必须具备相应的法律素养和法律知识，以适应时代的发展和变化。而高等教育机构是培养人才的重要场所，大学生的法律意识和法治观念对于社会的进步和国家的发展具有不可忽视的影响。大学生是一个有文化、有素质的群体，其在言谈举止等多个方面具备对社会产生深远影响和示范作用的潜力。提升大学生的法律素养，加强其法治教育，使其在法治的框架下规范自身的学习和生活，并逐步养成遵纪守法的意识和习惯，从而为推动我国的法治化进程提供有力的支撑。

（三）高校教育管理工作法治化建设的具体措施

推进高校教育管理工作法治化建设主要是为了营造良好的法治氛围，把法治理念根植到学生心中，为经济建设做出应有的贡献，同时促进学生全面健康成长。结合当前高校教育管理工作的开展情况，可采取如下措施推进自身的法治化建设。

1. 制定完善的法律监督管理制度

高校享有广泛的教育管理权利，这些权利具有明确的决策性和单方面的强制性。长期以来，高校教育管理工作缺乏司法审查，与学生有关的人身权利行为并未得到明确的授权，这导致许多权利缺乏司法程序的保障。因此，必须建立一套完善的高校教育法律体系，以法律手段规范高校教育管理工作，确保司法程序在高校教育管理过程中得到充分贯彻，从而保障高校和学生的权利平衡，维护大学生的合法权益。

2. 开展专题教育讲座，传播法治理念

高校要想开展法治化的教育管理工作，离不开对学生的法治理念的培养。法治化教育手段有许多，但最为有效的手段之一是开展专题教育讲座。高校可以邀请著名的讲师为学生开展专题讲座，讲座内容要以学生感兴趣的内容为主。在讲座过程中要随时与学生进行互动，同时还要对学生做好教育与引导。

3. 提升高校教育管理工作队伍素质

高等教育管理工作的高效开展，离不开一支高水平、高素质的管理团队。因此，各院校可以从思想教育工作者中挑选那些理论知识扎实、工作积极性较高的人，对他们进行法学理论的相关培训，使他们掌握法律专业知识，并鼓励他们考取相关证书，获得更高的执业资格，从而成为教育管理工作的中坚力量。同时，还可以建立大学生法律救助组织，聘请专业的法律工作者，并与司法单位建立长期合作关系，共同处理各种申诉案件。

4. 充分利用“校地联动共学共育”环境，营造法治化氛围

高校不仅要开展法治教育进校园活动，还要让学生接触社会，将在学校学习到的理论知识和形成的法律理念真正运用到实践中去，做到理论与实践相结合。在“校地联动共学共育”实践活动的背景下，校园作为根本基地，不仅承载着实践活动所需的资源，同时也为大学生法治教育工作提供了实践的平台和渠道。因此，在推进大学生法治教育工作时，要利用好“校地联动共学共育”这一背景，让学生在社会上利用法律保护自己的合法权益。

二、健全管理机制

新时期下，为了符合当代大学生的特点，高校要及时创新管理模式，并健全管理机制，为此高校可以从以下两个方面入手。

（一）建立科学的教育管理机制，强化管理队伍建设

高校要建立以学生为本的教育管理机制。树立以学生为本的教育管理理念要尊重学生的人格、个性、基本权利。管理不是控制、教训、支配，而是引导、解放、感染、影响。真正的管理是以学生为本的管理，通过各种教育活动培养学生的价值判断能力、培养学生积极向上的人生态度、丰富学生的思想体系，让学生体验纯洁的友谊、学习的快乐和校园的美好生活。教育管理应当以学生的自由、幸福、尊严和终极价值为中心，从全面发展的角度出发，培养具备全面素质的个体。发展，在教育管理工作中，必须充分认识到学生在学校中的核心地位，深入了解他们的需求和特点，并给予充分的尊重。为了精准地把握学生的思想脉搏，高校不仅需要深入了解学生群体的特征，更需要关注学生的独特个性。除了将他们视为教育管理关系中的权利主体外，还应该将他们视为具有主动性和创造性的行为主体，助力学生健康成长，坚持将思想问题与实际问题有机结合，以学生的发展需求为出发点，将职业发展、心理健康、帮困育人作为人生指导的重要方面，将教育的重心从消极防范和控制转向积极引导和真诚服务。改变传统教育管理机制，将以教师为中心的模式向以学生为中心的模式转变，充分肯定学生的优点，为学生提供相对自由的空间，激发他们的自主性和创造性。

传统的教育管理者有着绝对的权威，同时教育管理也是以命令式的方式存在，但新时期的大学生是具有参与意识和具有鲜明个性的群体，希望被尊重，且他们不喜欢被动地接受观点和理论。基于此，高校应强化教育管理队伍建设，抓好教育培训，提高他们的专业素养和教育管理水平，确保教育管理工作高效有序进行。

（二）规范管理，完善规章制度

规范规章制度，制定程序是关键。目前，高校的规章制度一般都是由有关职能部门负责起草，法制工作部门负责审查，经校长（院长）办公会议审议通过后，

由学校公布施行。因此，规范规章制度的制定程序涉及起草、审查、审议与决定及公布等诸多环节。

首先，起草工作最具基础性，对于保证规章制度草案的质量有着决定性的作用。在起草工作开始前，起草部门应当对拟起草的规章制度进行必要性和可行性论证，学校也应按期编制计划。只有经过深入调研，论证充分，各方面条件都比较成熟的规章制度项目，经批准并列入计划后，才能开始起草工作。立项程序的设置，对于事先发现问题并解决问题具有重要意义。

其次，在审议和决定阶段，必须明确规章制度草案须经校长（院长）办公会议按照规定的程序进行审议。经审议通过的规章制度，必须在全校范围内公布。同时，还应当允许教职员工和学生查阅、复制或者摘抄已经公布施行的规章制度，并且建立相应的权利保障机制。

对规章制度的解释和适用进行规范，是规章制度实施的保障。严格地讲，规章制度的解释应当遵循“谁制定，谁解释”的原则，即由制定主体——高校负责解释。有关职能部门虽然负责了起草工作，但却不是该规章制度的制定主体，不享有解释权。以往，高校的规章制度大都规定由起草部门负责解释，这是不规范的。因此，规章制度，特别是需要对新情况明确适用依据和做补充规定时，应当由学校负责解释。当然，在行政工作中具体应用规章制度的问题，一般仍由有关职能部门研究处理。

规章制度建设工作是一项系统工程。新时期，我们的首要任务是在立项、起草、审查、决定与公布、适用与解释等各个环节都及时地建立起相应的制度性规范。其中，重点应集中在建立重大事务和涉及教职工切身利益事项的议事、决策与监督程序，以及逐步建立健全学生纪律处分程序和学生申诉机制，以创造体现法治精神的育人环境。

从学校的实际、学生的实际出发，把教育管理的内容和要求体现在管理的各项制度中，使学生在日常的学习和生活中受到潜移默化的教育。同时，根据不断变化的新形势，以及时调整和完善相应的管理制度，做到与时俱进。在具体的管理工作中，认真执行规章制度，告诉学生可以做什么，不能做什么，让学生懂得怎样为人处世，在校园内营造良好的学习、实践、创新的氛围；将解决学生的实际问题放在首位，在管理工作中，学生不论在学习还是生活中出现的问题能够积极有效地解决，通过问题的解决使学生对教育管理工作产生信任感，愿意积极配合教育管理工作，同时还能够促进教育管理工作的发展和进步。跟随时代变化，以及时更新换代各种规章制度，规范管理，使高校的管理更加贴切和符合新一代大学生的要求。

三、提升信息化管理水平

（一）高校教育管理信息化建设的必要性

高校教育管理的信息化建设是高校教育管理进步的内在要求，而信息化平台的构建则为高校教育管理提供了具体的服务内容。目前，高校教育管理系统的开发主要关注高校整体管理，包括科研、财务、网站和图书馆等方面的管理，但对于教育管理的重视程度不足，导致高校教育管理信息化水平相对滞后。高校管理中，不仅需要注重教学管理工作，还需要重点关注教育管理工作。

1. 提高高校管理工作的效率和管理水平

高校教育管理工作是其他学生工作有序开展的必要前提。高校教育管理的信息化建设，借助网络技术等信息化手段，可有效提升教育管理工作的效率和水平。在利用信息化技术的综合处理手段对学生各类信息进行处理时，可以通过网络平台直观便捷地将结果呈现出来，便于教师与学生查看，这不仅降低了教师工作的复杂程度，提高了学生信息处理效率，这样教师在安排其他工作时也将更加合理化，避免了教育管理工作中心的偏移，从而更好地协调教育管理的各项工作。

2. 优化高校教育管理流程

高校的教育管理工作是一项烦琐复杂的工作，需要处理大量的事务性工作。例如，学生信息的更新、学生奖学金评定、学生评优和学生选课等，这些工作通常先由院系等学生工作处处理，然后再汇总到学校的学生处。由于工作流程复杂、管理层级较多，因此在这一流程中更容易出现错误，效率也会大大降低。通过优化教育管理流程，学校的职能部门、院系和学生之间形成了一个高效的管理平台，使得学生信息的接收、处理和汇总变得更加便捷，整个教育管理工作流程也得到了简化。此外，在信息化管理模式下，教育管理工作已经突破了一定的空间限制，教育管理工作可以在网络环境下进行操作，无须到相关部门进行实际操作，大大提高了教育管理工作的灵活性。针对我国高校教育管理人数众多、管理结构复杂的现状，借助信息化建设，可以更有效地协调学校各部门之间的工作，对实现学校管理流程的优化有极其重要的现实意义。

（二）高校教育管理信息化建设模式

高校教育管理信息化建设的推进，关键在于对教育管理工作的相关信息进行系统化的收集和加工，建立学生信息管理数据中心，并采用一系列计算机技术开发教育管理工作的业务系统，以实现对学生信息的高效管理，同时在网络平台上实现多部门的学生信息管理服务，为学生提供全方位的一体化信息服务。通过采用信息化管理模式，学生能够以更高效、更精准的方式获取信息，同时学校也能够利用信息化管理平台更加精准地处理学生信息，从而全面提升高校的管理水平。建立一套完善的教育管理信息化模式，需要从多个方面进行优化和改进。

1. 制定严格的信息标准

在高校教育管理工作的信息化建设中，会涉及大量的学生信息，因此高校教育管理信息化标准必须具备广泛的适用性，以涵盖与教育管理相关的各种信息。只有在这些信息得到充分利用的前提下，其他管理业务才能够成功地实现其具体功能。

2. 建立统一的管理数据共享处理平台

为了提高高校信息化教育管理系统的信息传输和处理速度，需要建立一个综合性的信息交互平台，将学校的各个职能部门和院系联系起来，以便收集和处理需要管理的学生信息，并在学校中建立一个自封闭的管理信息平台。为了解决学校管理“信息孤岛”问题，管理信息的共享平台需要协调应用不同数据结构（如 Oracle、MySQL 等）的共享和集成，以确保各种信息在管理系统中高效有序地流通，这也是提高管理工作效率的关键所在。该管理平台提供了非编程数据转换功能，使得所有管理部门都能够处理管理信息，并对这些处理进行记录和监控，从而在全网构建一个健康、安全的信息共享平台。

3. 主题数据库与功能数据库

主题数据库有强大的共享功能，其实际上就是集约化数据库，在数据库中，为了便于系统信息的交流与处理，整个数据库中的数据都是集约化和共享化的，这也避免了过多的信息转换与交流障碍。主题数据库模型是由底层数据标准数据库、数据交换平台以及业务数据库组成的，这些元素共同构成了一个完整的数据库系统。作为所有管理信息的综合集合，底层主题数据库是经过统一数据标准认证的主数据库。为了实现不同业务数据的数据统一化交换，无论是主数据到功能数据库，还是功能数据库回传数据到主数据库，都需要通过数据交换平台，为整个系统内容的信息交流提供一个畅通无阻的通道。业务数据库作为一种多功能数据库，涵盖了教务、招生、财务和毕业生等多个管理职能，通过数据交换平台，可以实现对特定信息的协同管理。

4. 基于数据库的业务系统

为了实现具体的业务功能，必须在完备的数据库系统和数据交换平台的基础上，按照数据标准开发相关的管理业务功能，将学生信息的各个阶段联系成“一站式”管理服务模式，包括招生阶段、入学阶段、在校阶段、毕业阶段等，以电子档案的形式详细记录学生的各项信息，并在不同阶段交由不同的业务功能进行处理。

（三）高校教育管理信息化建设策略分析

1. 充分认识到信息化建设的重要性

信息化浪潮的到来，把高校信息化建设推上了全新的战略高度。高校作为国家教育活动的基本单元，对社会发展和科教兴国战略的实施起着至关重要的作用，如何提高高校教育管理水平，为社会主义现代化建设输送高素质人才，已经成为高校发展面临的重要问题。运用电子信息技术实现高校教育管理信息化建设工作，是提高学校管理效率的一个重要手段，高校信息化建设已然成为教育发展的重要环节。为了真正发挥信息化建设的优势，借助社会力量有效地推动高校教育管理信息化建设进程，高校首先要充分认识到信息化建设的重要性，深入理解信息化系统的优势，从人为角度优化管理工作，借助信息化系统实现更快更好的管理。只有认识到信息化建设的重要性，才能加快信息化建设的步伐，让高校教育管理系统更快地建立起来并发挥作用。所以，信息化建设的第一步，是要抓住信息化建设的机遇，找到现有管理系统中的不足，开发适合自身应用的信息化系统，避免盲目建设，实现高校教育管理的跨越式发展。认识到信息化建设的重要性，加大信息化建设的投入力度，让信息化建设进入正轨，才能有力地推动信息化建设进程。

2. 提高管理人员水平，加强信息化管理队伍建设

为了更好地推动高校学生管理信息化建设进程，建立健全管理系统，提高管理人员水平至关重要。管理队伍是学校管理决策的制定者，是管理制度的执行者，是管理工作的协调者，对学生工作管理水平有着较大影响。管理的过程实质上就是信息传递和信息变化的过程，管理队伍负责管理信息传递和处理工作，在管理系统中处于核心地位。在高校学生教育管理信息化建设过程中，管理人员需要从传统的经验管理转变为学习管理，由原来的层级管理模式转变为扁平的柔性管理模式。只有在管理人员管理水平较高的前提下，教育管理信息化建设才能有序地进行，只有将人工管理和系统管理相结合，才能发挥信息化管理的优势，消除重复管理功能，更好地提升管理水平。

3. 明确建设目标，整合管理资源，加快信息化建设步伐

高校教育管理的信息化建设要有明确的发展目标和发展规划，信息化技术的不断发展决定了教育管理同样需要宏观规划。信息化建设在既定的目标下，按照不同机构和不同阶段，不断统一并完善系统，避免管理系统中因为信息交流困难而无法实现管理职能。所以，统一的教育管理信息化建设要以促进管理部门协同工作为目标，指导不同管理部门高效工作，对管理机构进行统一的部署和安排。另外，推动高校教育管理信息化建设，还要有效整合现存管理信息，在构建信息化管理体系时能够准确地与学校现状契合，即在传统的管理模式下进行升级，并不会出现资源浪费的现象或者多余的功能，让信息化管理能够与传统管理无缝衔接，减少新旧交替的矛盾，从而加快信息化建设步伐。

参考文献

[1] 洪剑锋、屈先蓉、杨芳:《互联网时代下高校教育管理与评价创新》,延边大学出版社 2021 年版。

[2] 卢保娣:《大数据时代高校教育管理及其信息化建设》,吉林大学出版社 2021 年版。

[3] 苗青:《中华优秀传统文化与高校青年教育管理研究》,新华出版社 2022 年版。

[4] 陈兴雷、高凤霞:《高校体育教育与管理理论探索》,天津科学技术出版社 2022 年版。

[5] 杨刚、王新、刘丹:《高校教育教学与学生管理》,吉林出版集团股份有限公司 2022 年版。

[6] 严淑华、郭林锋:《大学生情绪管理与思想政治教育》,冶金工业出版社 2022 年版。

[7] 田晓勇:《地方高校教育管理理论与实践:以宁夏师范学院为例》,阳光出版社 2013 年版。

[8] 龙兴跃:《科学发展观与高校教育管理》,电子科技大学出版社 2008 年版。

[9] 陈天文、姜立林、李敏:《高校网络安全教育与管理研究》,延边大学出版社 2022 年版。

[10] 刘萍萍、何莹:《现代高校教育教学管理现状与创新发展》,中国原子能出版社 2021 年版。

[11] 商应丽:《建构高校艺术教育管理的生成之维》,吉林大学出版社 2020 年版。

[12] 赵莉莉、赵玉莹、严婕:《新形势下高校人才管理及素质教育创新研究》,延边大学出版社 2021 年版。

[13] 白华、贺宏斌:《当代高校学生教育管理的理论与实践》,陕西人民出版社 2004 年版。

[14] 张茂红、莫逊、李颖华:《高校教育管理与教学研究》,台海出版社 2022 年版。

[15] 陈民:《高校教育管理创新与实践》，东北师范大学出版社 2020 年版。
[16] 常凤亮、齐元军:《高校教育管理创新与实践》，吉林大学出版社 2020 年版。
[17]《新时代高校教育管理实务》编委会:《新时代高校教育管理实务》，中国地质大学出版社 2022 年版。
[18] 李晓雯:《高校教育管理的理论探索与探究》，吉林人民出版社 2021 年版。
[19] 宋述贤、巩绪福、严苗:《高校法学教育与德育管理》，吉林人民出版社 2021 年版。
[20] 刘思延、张潍纤、郑莹:《高校教育教学管理实践与创新发展》，哈尔滨出版社 2021 年版。
[21] 曹喜平、刘建军:《高等教育视域下高校人力资源管理研究》，河北人民出版社 2018 年版。
[22] 宋丽萍:《新媒体环境下高校学生教育管理工作创新研究》，吉林大学出版社 2020 年版。
[23] 姜文晋、唐晶、李秀奇:《创新教育背景下高校公共体育创新路径和科学管理研究》，中国矿业大学出版社 2018 年版。
[24] 刘文卫:《高校成人教育混沌管理》，岳麓书社 2008 年版。
[25] 赵树果、朱立光、张艳博，等:《高校本科教育教学管理研究与进展》，武汉大学出版社 2015 年版。
[26] 张晓:《高校公共安全教育与管理研究》，中国社会出版社 2011 年版。
[27] 岳若惠:《现代教育理念下的高校教育教学管理》，西北农林科技大学出版社 2013 年版。
[28] 李小红、杨柳:《新时期高校思想政治教育与管理创新》，新华出版社 2015 年版。
[29] 宋栋、宋朋城:《高校教育管理工作实践与理论探索》，兰州大学出版社 2011 年版。
[30] 陈桂香:《基于大数据的高校教育管理研究》，科学出版社 2018 年版。
[31] 龚宪芳:《柔性管理理念在大学生教育管理中的运用》，《西部学刊》2023 年第 10 期。
[32] 杜雅:《基于以人为本理念的高校教育管理工作创新思考》，《公关世界》2023 年第 8 期。

[33] 冯钰婕:《年轻干部思想教育管理的实践逻辑》,《延边党校学报》2023 年第 2 期。
[34] 魏颖:《"互联网 +" 时代高校教育管理优化路径——评《移动互联网时代高校教育管理模式改革与实践研究》,《中国科技论文》2023 年第 4 期。
[35] 关幼萌:《新形势下高校教育管理模式创新与发展研究——〈高校教育管理与创新实践研析〉》,《科技管理研究》2022 年第 6 期。
[36] 张天天:《基于新媒体技术下提升高校教育管理有效性分析》,《长春工程学院学报(社会科学版)》2023 年第 1 期。
[37] 倪锐:《"互联网 +" 视域下高中教育管理模式存在的问题及对策》,《中国新通信》2023 年第 6 期。
[38] 李明升:《新形势下高校大学生教育管理实效性的提升》,《创新创业理论研究与实践》2023 年第 5 期。
[39] 黄雯:《"互联网 +" 背景下高校教育管理模式的变革与创新》,《普洱学院学报》2023 年第 1 期。
[40] 李慧鹏、赵晴:《信息化背景下高校教育管理模式的创新性——评〈教育信息化与高校教育教学改革深度融合研究〉》,《中国科技论文》2022 年第 3 期。
[41] 唐曼青:《大数据时代高校教育管理信息化建设研究》,《内江科技》2022 年第 11 期。
[42] 郭丽:《人本化理念在高职教育管理中的应用策略》,《湖北开放职业学院学报》2022 年第 22 期。
[43] 王晓艳、梅俊强:《基于创新教育理念的大学生教育管理》,《山西财经大学学报》2022 年第 S2 期。
[44] 王洪法:《新时代背景下高校教育管理模式的变革与创新》,《大众文艺》2022 年第 20 期。
[45] 杨晔珺:《大数据背景下高校教育管理信息化建设现状研究》,《创新创业理论研究与实践》2022 年第 20 期。
[46] 董旭冉:《生态学理念下高校教育管理模式的创新探索》,《环境工程》2022 年第 10 期。
[47] 张金领:《茶道精神在高职高专院校教育管理中的应用研究》,《福建茶叶》2022 年第 10 期。

[48] 孙巍:《大数据时代高等教育管理问题及建议》,《科教导刊》2022 年第 25 期。
[49] 李振国、任红霞:《高校学生党员教育管理服务模式创新研究》,《西部学刊》2022 年第 16 期。
[50] 陈宏伟:《互联网背景下高校校园安全教育管理工作的思考与实践》,《重庆电力高等专科学校学报》2022 年第 4 期。
[51] 李梅梅:《基于创新教育理念的高校教育管理研究》,《科教导刊》2022 年第 24 期。
[52] 朱玥霖:《创新人才培养视域下高校教育管理开展路径研究》,《科教导刊》2022 年第 24 期。
[53] 何忠祥:《新媒体背景下高校教育管理工作创新路径探究》,《中国多媒体与网络教学学报(中旬刊)》2022 年第 8 期。
[54] 谢春霞:《互联网视域下高校学生教育管理工作优化路径探讨》,《延边教育学院学报》2022 年第 2 期。
[55] 施予恒:《以人为本理念下高校教育管理模式创新路径》,《淮南职业技术学院学报》2022 年第 2 期。
[56] 谢宏鹏:《基于大数据技术的教育管理体系创新分析》,《集成电路应用》2022 年第 4 期。
[57] 王战军、蔺跟荣:《动态监测:大数据驱动的研究生教育管理新范式》,《研究生教育研究》2022 年第 2 期。
[58] 邱立国:《人工智能时代高校思政教育管理如何"化危为机"》,《内蒙古财经大学学报》2022 年第 2 期。
[59] 杨建平:《严谨治学 科学治校 推动高等教育管理再上新水平》,《陕西日报》2009 年 8 月 25 日第 1 版。
[60] 赵彦良、李沙青:《我省探索高校学生教育管理》,《云南日报》2004 年 3 月 31 日第 2 版。
[61] 薄淏予:《大数据时代高校教育管理信息化实践的机遇与路径》,《中国电影报》2023 年 5 月 24 日第 11 版。
[62] 张鸽舞:《教育题材影视剧对我国教育管理模式变化的呈现》,《中国电影报》2023 年 5 月 10 日第 11 版。
[63] 晨曦、汪永智:《信息化创新高校学生教育管理工作》,《中国社会科学报》2023 年 2 月 23 日第 7 版。

[64] 雷扬:《高校教育管理信息化发展策略》,《中国社会科学报》2023 年 2 月 23 日第 7 版。

[65] 石瑞芳:《互联网时代我国高校教育管理信息化的构建路径》,《中国电影报》2022 年 7 月 6 日第 11 版。

[66] 孙思华:《普通高校音乐教育管理模式思考分析》,《山西科技报》2021 年 8 月 23 日第 A06 版。

[67] 陈彬:《借势大数据 高校管理能解几多“愁”》,《中国科学报》2019 年 7 月 10 日第 1 版。

[68] 焦新:《提高发展党员质量 完善服务管理机制》,《中国教育报》2013 年 7 月 16 日第 3 版。

[69] 张宇:《人本理念:实现当代教育管理现代化的逻辑基础》,2023 年 10 月,中国知网(http://1.15.177.143/kcms/detail/11.4754.T.20230410.1509.006.html)。

[70] 肖建国、李雨豪:《传统与现代接榫:教育管理思想的本土挖掘与发展》,《河南理工大学学报(社会科学版)》2023 年第 24 期。

[71] 亓树璇,高校教育管理模式分析(https://www.haoqikan.com/fanwen/25540.html)。

[72] 付萌,高校教育管理新模式初探(https://www.gwyoo.com/lunwen/jxztlw/gxjylw/201707/650723.html)。

[73] 赵蔚语,互联网时代高校教育管理模式(https://www.21ks.net/lunwen/jiaoyuguanlilunwen/117090.html)。

[74] 郭珊,高校教育管理模式创新途径(https://max.book118.com/html/2021/0911/5304044012004003.shtm)。

[75]David Dunbar, *Management Behaviours in Higher Education:Lessons from Education, Business and Sport*, Taylor and Francis, 2021.

[76]Paolo Landri, *Educational Leadership, Management, and Administration through Actor Network Theory*, Taylor and Francis, 2020.

[77]Judith Chapman, Colin Evers, *Educational Administration*, Taylor and Francis, 2020.

[78]Eugenie A. Samier, Peter Milley, *Educational Administration and Leadership*

Identity Formation:International Theories, Problems and Challenges, Taylor and Francis, 2020.

[79]Various, *Routledge Library Editions: Education Management*, Taylor and Francis, 2019.

[80]John Kokolus, *Power, Politics, and Adult Educational Administration:The Case of a Liberal Arts Institution*, Taylor and Francis, 2019.

[81]Tim Swanick, Neil Jackson, *The General Practice Journey:The Future of Educational Management in Primary Care*, CRC Press, 2018.

[82]Komariah Aan, *Educational Administration Innovation for Sustainable Development:Proceedings of the International Conference on Research of Educational Administration and Management（ICREAM 2017）, October 17, 2017, Bandung, Indonesia*, CRC Press, 2018.

[83]Aan Komariah, Taufani C Kurniatun, Dedy A Kurniady, Rita Anggorowati, Ade Gafar Abdullah, Asep Bayu Dani Nandiyanto, *Educational Administration Innovation for Sustainable Development*, Taylor and Francis, 2018.

[84]Poster Cyril, Day Christopher, *Partnership in Education Management*, Taylor and Francis, 2018.

[85]Moloney Mary, Pettersen Jan, *Early Childhood Education Management:Insights into business practice and leadership*, Taylor and Francis, 2016.

[86]Burgess David, Newton Paul, *Educational Administration and Leadership:Theoretical Foundations*, Taylor and Francis, 2014.

[87]Patricia Moore, *Handbook of Education Administration*, CRC Press, 2014.

[88]Tomlinson Harry, *Educational Management:Major Themes in Education*, Taylor and Francis, 2013.

[89]Fiore Douglas, *Introduction to Educational Administration:Standards, Theories, and Practice*, Taylor and Francis, 2013.